PERFORMANCE DE ELITE

DESBLOQUEIE O POTENCIAL DA SUA MENTE

EDITORA
CHAVE MESTRA

Ficha Técnica

EDITORA
CHAVE MESTRA®

Av. Marcos Penteado de Ulhoa Rodrigues, 1119 – Tamboré, Alphaville - SP,
Ed. Office Shopping Tamboré – Andar 21 – Sala Chave Mestra
CEP: 06460-040
@editorachavemestra
editora@editorachavemestra.com.br
Acesse: www.editorachavemestra.com.br

Título original em português:
Performance de Elite: desbloqueie o potencial da sua mente

Direção editorial: Raquel Medeiros
Coordenadora editorial: Bartira Costa Neves
Assistente editorial: Eloiza Andrade
Revisão: Híllona lila, Tony R. de M. Rodrigues, Joaquim Paulo
Diagramação: Weslei Eugênio
***Branding* de capa:** Izzo Medeiros
Projeto gráfico: Weslei Eugênio

O conteúdo desta obra é de total responsabilidade dos autores e não reflete necessariamente a opinião da editora.

Dados Internacionais de Catalogação na Publicação (CIP)

Vale, Rogério (Organizador)
V149 Performance de elite: desbloqueie o potencial da sua mente / Rogério Vale (Org) – Barueri, SP: Chave Mestra Editora, 2024. 192 p. : 16 x 23 cm

ISBN 978-65-5496-022-9

1. Negócios. 2. Finanças. 3. Desenvolvimento pessoal. 4. Liderança. 5. Sucesso nos negócios. 6. Finanças pessoais. I. Título.

CDD 158.1

SUMÁRIO

APRESENTAÇÃO

Performance de elite é fruto da soma dos capítulos de 22 autores com o mesmo objetivo: proporcionar aos leitores *insights* e aprendizagens sobre como desbloquear a mente para desenvolver todo o seu potencial.

Nas páginas deste livro, profissionais bem-sucedidos de diversos segmentos do mercado compartilham histórias de persistência, decisão, superação, criatividade, gratidão e inovação dos caminhos que percorreram e de como alcançaram excelente desempenho. Também abordam como ativar e empregar a sua eficiência mental e emocional para resolver conflitos, desenvolver um *mindset* de crescimento, conquistar uma *network* de valor e conectar-se com a sua missão e o seu propósito.

Além disso, o objetivo desta obra é trazer conhecimento e servir de inspiração para que os leitores possam aperfeiçoar as suas habilidades e competências (inter)pessoais e profissionais não só com foco no resultado, como também na identificação de oportunidades, superação de barreiras, adaptar-se com o intuito de extrair o melhor nos mais variados cenários e transformar as suas ideias em planos e planos em ações e em realidade.

A partilha da *expertise* colocada em palavras nestes 22 textos faz de *Performance de elite* um convite para percorrer um caminho de autodescoberta e desenvolvimento do intelecto e das emoções, visando direcioná-los e aplicá-los de maneira sábia e eficaz.

Que as vivências e os ensinamentos dos autores deste livro sejam uma mola impulsionadora para todos os leitores e que os levem a acreditar que é possível atingir a alta performance, com mente e coração alinhados na mesma direção, para mudar a realidade com confiança e alcançar uma vida equilibrada e bem-sucedida em todos os sentidos.

Uma mente desbloqueada, arrojada e focada não tem limites.

Vamos juntos construir a elite da alta performance?

Ótima leitura!

EDITORA CHAVE MESTRA®

IDEC | INSTITUTO DE DESENVOLVIMENTO COMPORTAMENTAL

ANA DOS ANJOS

Sou Ana dos Anjos, natural do Rio de Janeiro/Brasil e residente no Porto/Portugal desde 2019. Casada com Josesclair há 27 anos e mãe da Joana (mestranda em Psicologia). Licenciada em Pedagogia, Administração Escolar e Magistério das Disciplinas Pedagógicas.

Autora do projeto *O pedagogo e as instituições sociais*, especializada em: coordenação pedagógica; projetos socioeducativos; supervisão escolar; orientação educacional; arbitragem; mediação de conflitos em contexto escolar.

Docente do ensino superior, mestranda em Ciências da Educação, capelã e bacharela em Teologia. Coautora do livro *Empreender nunca foi sorte* (2019), pela Editora Chave Mestra.

Acredito que ser feliz é ter a oportunidade de agradecer por tudo que recebeu na vida, não tem a ver com raça ou credo religioso, mas com gratidão.

anacristina.dasilvadosanjos

cristinadosanjos2017@gmail.com

1 SEJA FELIZ E SIMPLESMENTE AGRADEÇA!

Por Ana dos Anjos

Ser feliz nos dias de hoje tornou-se um conceito amplo e com muitas definições. Se perguntássemos a uma criança que acabou de receber um brinde ou um presente, ela diria que está feliz; ou mesmo a um desempregado que foi contratado, com muitas contas vencidas, ele diria que está feliz por haver conseguido o trabalho; ou a alguém curado de uma enfermidade, que recebeu a notícia de que seu tratamento foi encerrado e que irá para casa, ele também dirá que está muito feliz. Podemos dizer, então, que para momentos inexplicáveis em nossas vidas, a felicidade é um estado emocional.

O livro *O jeito Harvard de ser feliz*, de Shawn Achor (2017), foca em maneiras de refazer o pensamento cognitivo, a fim de que uma pessoa se torne mais positiva, produtiva, criativa, saudável e feliz. Achor utiliza artigos e estudos para comprovar que a felicidade impulsiona o sucesso. Por falar em livros, vou citar a Bíblia Sagrada, um dos livros mais antigos e que ainda hoje traz alegria, felicidade, que corrige, direciona, ensina, ilumina caminhos escuros, descreve momentos de felicidade e liberdade. Em Provérbios 16:20 é dito que existe prosperidade em examinar de forma cautelosa as questões e felicidade em confiar no Senhor; também está escrito que há felicidade na correção (Jó 5:17); em Salmos 112:5 é descrita a importância da felicidade de quem empresta e a honestidade de saber conduzir seus negócios. A Bíblia tem diretrizes que foram escritas há milhares de anos, mas que se tornam atuais diariamente.

Quando agradecemos, tornamo-nos pessoas mais felizes, mesmo que, em muitos momentos, as circunstâncias pareçam paralisar nossos sentidos pela dor da alma. Um gesto de gratidão muda e move as mãos de toda uma situação em nosso favor. Somos abençoados divinamente; mesmo sem entender ou merecer, recebemos a graça e, de graça, a felicidade e a alegria por nossas conquistas e daqueles que lutam bravamente e conseguem alcançar a magnífica vitória. Não fomos criados para a tristeza, mas sim para a alegria.

Quando uma criança é gerada, a alegria da família é imensurável. De acordo com Lúcia Rodovalho, no livro *Viva feliz* (2020), os gregos chamavam a felicidade de *eudaimonia*. É o mesmo que chamar de "o objetivo da vida humana" e que, segundo a Filosofia, é uma teoria moral fundada na ideia de que a felicidade é concebida como um bem supremo.

Paulo S. C. Barbosa, em artigo para a *Revista Interdisciplinar de Filosofia e Educação* (2018), afirma que a felicidade tem como objetivo a atividade da alma, de acordo com a virtude. É um bem supremo, com fim em si mesmo, sendo desejada por toda a gente. Para alguns, a felicidade é feita de ações virtuosas, mas o vício dessas ações demonstra o contrário. Para muitas pessoas, sucesso é sinônimo de felicidade, pois traz realizações decorrentes de um esforço e aptidões pessoais.

Em *O homem mais rico da Babilônia*, livro de George S. Clason (2022), temos a história de Bansir, que era um fabricante de carruagem e estava totalmente desanimado devido a tantos problemas, uma dispensa vazia e o fato de a esposa lembrá-lo sempre que, sem produzir, não haveria nada a receber.

O desânimo tem sido um grande vilão na vida das pessoas. Na Bíblia, Deus falou a Josué que ele tivesse bom ânimo, fosse forte e corajoso, para herdar a terra prometida a seus pais (Josué 1:6-7). Existiram diversos momentos na vida de Josué em que ele, mesmo desanimado, teve que lembrar das promessas, porque o caminho já estava traçado. Havia uma promessa, mas também desafios. Josué não receberia coisa alguma sem vencer alguns medos e ser livre. As pessoas que o seguiam precisavam ver nele um exemplo de fé, esperança, fidelidade, confiança, conhecimento, dinamismo, esforço e habilidade para manusear instrumentos de guerra. Nada em nossas vidas é sem propósito, toda conquista vem carregada de desafios. De crescer, de conhecer, de receber, de entregar, de enxergar outros horizontes e propostas de um novo processo.

Ana dos Anjos

Ser feliz implica agradecer, mesmo que ainda não tenha alcançado a alegria plena. Passar por um processo não é rápido ou fácil, ao contrário, é desafiador e difícil, mas agrega valores inestimáveis em nossas vidas. A Bíblia relata sobre a travessia do Jordão, uma fase cheia de desafios para um novo começo de pessoas que estavam felizes por tudo que seus olhos puderam ver; outras nem viram e acreditaram. Somos aquilo que acreditamos, não o que falamos; e é isto que nos dá força para vencer, a confiança de saber que a prevalência da gratidão nos torna felizes. Dessa forma, tudo fica mais fácil, pois acreditar nos impulsiona a não desistirmos, e obter conhecimento das situações nos clarifica a mente.

1) Poupe.

2) Invista.

3) Seja dono de seus planos.

4) Garanta a sua conquista.

5) Nunca pare de aprender.

1) Poupe para o seu futuro, nada depende de ninguém que não esteja envolvido diretamente consigo. Pelo contrário, poupe forças, energia e resistência para vencer.

2) Invista em tempos preciosos de sorrisos e gargalhadas.

3) Seja dono de seus planos, o que você busca e deseja não pertence a ninguém. Assim como a sua felicidade, só depende de você.

4) Garanta a sua conquista de forma eficaz; não fique contando aos outros aquilo que espera que aconteça com você. Fique em silêncio, proteja-se de pessoas que esperam que você fracasse ou desista. Conheça o campo de batalha, ore, busque ser melhor do que você é.

5) Nunca pare de aprender; o conhecimento é libertador e, por meio dele, povos conquistaram suas liberdades. Às vezes, a luta é silenciosa e vai exigir de ti toda a atenção para não se perder no meio do caminho com as pedras que surgirão. Tenha forças e dê a direção certa para cada obstáculo, vença

com sabedoria, ocupe sua posição e erga a cabeça. Estude, se estabeleça e tenha convicção do objetivo a conquistar; construa um castelo com as pedras encontradas no caminho.

Na vida, vamos percebendo que não existem fórmulas, o que deve existir é uma grande determinação em ser feliz, ousado e conquistador. No caminho, você encontrará muitas pessoas como você e até mais capazes de realizar seus sonhos, não se importando com as dificuldades, mas você simplesmente irá ultrapassar uma por uma, com foco e determinação. Não se iluda com a falsa alegria que lhe tira o sonho, pois muitos conquistadores acharam que estavam no caminho certo, mas no fim era só mar e uma falsa sensação de haver conquistado o que já havia sido descoberto em outro momento.

Confie na direção que Deus colocar em seu coração, ore, agradeça. Fique em silêncio para perceber a direção certa. Busque memórias dos lugares por onde passou, existe em nós uma caixa de recordações que alegram nossas vidas, nossos dias. As lembranças fazem parte de nós, nos remetem a tempos que nunca mais retornarão, já se foram. Mas somos capazes de reviver as mesmas emoções com sorriso nos lábios, o nosso cérebro tem uma grande participação nisso tudo. A memória faz o registro desses tempos, atualiza cada um, trabalhando na reescrita constante de nossa história, que vai se modificando com o tempo.

É como pegar numa caixa cheia de papéis, que um dia tiveram sua importância, momentos de qualidade que estarão para sempre em nossas lembranças como crescimento: as brincadeiras de amarelinha, tocar a campainha das casas e correr, os jogos infantis que um dia fizeram parte de nossas vidas, as festas, as canções, os quinze anos, os amigos, as esquisitices, as roupas da época. Cenas de uma geração feliz, que nunca vai abrir mão do tempo que viveu e que foi feliz.

Ser feliz é ter a certeza de que, num mundo perdido, triste e sem rumo, o paradoxo dos dias atuais é ser feliz. Reconstruir experiências passadas, de quando éramos crianças, nos remete a tempos felizes e também tristes. A necessidade de ser incluído, o desejo de crescer, a descoberta de nossa força, a conquista do primeiro diploma, a primeira condução com os amigos, o time de voleibol da escola; coisas que nunca esquecemos e que traz alegria às nossas memórias. Como é bom saber que um dia pertencemos a algum lugar, construímos histórias e memórias que nunca se perderão ou serão esquecidas. Enquanto nos trouxer alegria, teremos forças para continuar voando, conquistando o mundo que nos parecia distante e; hoje, com nossas famílias construídas, entendemos que as cores da infância nos fortaleceram, as músicas, as danças, e criamos raízes felizes. Guarde suas memórias, seja feliz e simplesmente agradeça!

“

Guarde suas memórias, seja feliz e simplesmente agradeça!

”

Ana dos Anjos

ANDREIA PRISCO

Sou Andreia Prisco, nasci no Rio de Janeiro/Brasil e moro em terras espanholas há 28 anos. Casada e mãe de três maravilhas. Estudante de jornalismo e apaixonada pelo marketing digital, tenho uma veia empreendedora que me impulsiona a buscar constantemente novos desafios e oportunidades. Minha maior conquista foi me reinventar inúmeras vezes ao longo da vida, desenvolvendo uma habilidade essencial de adaptação às mudanças.

Para mim, liderar não é só um projeto, é uma parte intrínseca da natureza humana. Minha maior paixão é gerar conexões poderosas e inspirar outros a liderarem e se reinventarem em busca de um futuro melhor. Foi assim que cheguei até aqui, desconstruindo para construir.

soyandreiaprisco

Andreia Prisco

bamboodigmarketing@gmail.com

2

MARCAS INOVADORAS: MODELO DESCOMPLICADO

Por Andreia Prisco

Empreendendo com sucesso no mundo digital

Você já deve ter percebido que o mundo dos negócios está migrando cada vez mais para o ambiente digital, certo? E não é por acaso! Hoje em dia, a rua mais movimentada é a virtual, e estar presente *on-line* deixou de ser uma opção e se tornou uma necessidade. Mas não basta apenas marcar presença, é preciso se destacar nesse universo vasto e cheio de oportunidades.

Por que o digital é crucial?

Imagine só: ter acesso a uma audiência sem fronteiras, capaz de gerar demanda e despertar desejo, independentemente de onde seus clientes estejam localizados. Isso é o que o mundo digital nos oferece! E é uma oportunidade que não podemos ignorar se quisermos ver nossos negócios prosperarem.

Mudança de comportamento do consumidor

Você já notou como o comportamento de compra mudou nos últimos anos? A presença *on-line* de uma empresa agora é um fator decisivo na escolha do consumidor. É simples: quem não está *on-line* está perdendo espaço no mercado. E por que é o momento ideal para entrar nesse universo digital? Porque as pessoas estão cada vez mais confortáveis em fazer compras *on-line*. O digital tornou-se a nova norma!

Para ter sucesso nesse ambiente digital, precisamos dominar quatro pilares fundamentais:

1. Construção de audiência qualificada: é como ter seu próprio canal de TV na internet! Mas não basta ter uma audiência, ela precisa ser qualificada, ou seja, composta por pessoas interessadas em comprar de você.

2. Entendimento do público-alvo: é essencial conhecer quem são seus potenciais clientes, suas necessidades, desejos e dores para oferecer soluções que realmente importam para eles.

3. Consistência na produção de conteúdo: manter uma frequência constante de publicações é importante para construir confiança e engajamento com sua audiência ao longo do tempo.

4. Construção da marca: uma marca forte é definida por sua visão, missão e valores, que guiam suas decisões e ações.

Agora, vamos falar sobre uma abordagem que vai simplificar sua vida como empreendedor ou pequeno empresário: o modelo de negócio descomplicado. Antigamente, os modelos de negócio eram cheios de etapas complexas, mas hoje em dia, com tudo acontecendo tão rápido, a palavra-chave é **simplificar**.

O que é um modelo de negócio descomplicado?

Basicamente, é a definição clara e simples do que sua empresa faz, como se posiciona e como ganha dinheiro. É como ter um mapa para o sucesso do seu negócio. E como definir seu modelo de negócio? Pense nas seguintes frentes:

- O que sua empresa faz?
- Como ela se posiciona no mercado?
- Como ela vai gerar receita?

Desenhe um modelo que faça sentido para você e para a vida que você quer ter como empreendedor. Em resumo, simplificar o modelo de negócio é torná-lo acessível e fácil de entender, permitindo que você trace um caminho claro para o sucesso do seu negócio.

Explorando os ecossistemas empresariais

Vamos entender como você pode criar um ambiente único e integrado de produtos e serviços adaptado às suas especialidades e objetivos.

O que é um ecossistema empresarial?

Imagine um jardim, no qual cada planta representa uma ideia, um produto ou serviço que você oferece. Cada elemento desse jardim contribui para a beleza e a funcionalidade do ambiente como um todo. Como construir seu ecossistema? Reflita sobre:

- Quais ideias fazem sentido para o seu negócio?
- Quais produtos ou serviços você pode desenvolver dentro da sua marca?
- Como o ambiente digital pode potencializar essas iniciativas?

Seu ecossistema é como um jardim que você cultiva com cuidado e dedicação, e cada planta representa uma oportunidade de crescimento e sucesso.

Como construir uma audiência qualificada?

Não basta apenas ter muitos seguidores. A audiência qualificada é aquela parte específica do seu público que realmente se interessa pelo que sua empresa oferece.

- Defina um objetivo claro: tenha sempre um propósito claro em mente, seja monetizar sua audiência ou outro objetivo específico.
- Conheça sua persona profundamente: entender quem é sua persona, necessidades, desejos e dores é essencial para direcionar suas estratégias de conteúdo de forma eficaz.
- Seja intencional em suas ações: tudo o que você fizer em suas redes sociais deve ter um propósito definido, seja para educar, inspirar ou entreter seu público.
- Estratégia de funil de consciência: desenvolva uma estratégia de funil para falar a coisa certa, para a pessoa certa, no momento certo, desde a conscientização até a conversão.

Sete erros a evitar

1. Vender o tempo todo: equilibre a oferta com conteúdo valioso.
2. Pular de galho em galho: mantenha-se consistente em uma estratégia eficaz.
3. Arrogância: seja humilde e aberto a aprender com outros.
4. Copiar outros *experts*: seja autêntico e encontre sua própria voz.
5. Buscar a perfeição: ação é mais importante do que perfeição.
6. Não usar tráfego para crescer: explore diversas formas de aumentar sua audiência.
7. Não ser engajado: interaja com sua audiência para construir relacionamentos sólidos.

Definindo sua persona

O pilar principal dentro dessa estratégia é a definição da persona. Acertar sua persona e conhecer profundamente seu cliente ideal garantirá resultados excepcionais para o seu negócio.

<u>Como definir sua persona</u>

- Pesquisa de mercado: realize uma pesquisa para entender as dores, desejos e crenças de seu público-alvo.
- Identifique as dores: descubra os problemas que impedem seu público de alcançar seus objetivos.
- Crenças limitantes e expansivas: identifique crenças que atrapalham ou impulsionam seu público.
- Sonhos e desejos: conheça profundamente os desejos e aspirações de sua audiência.

Construir uma audiência qualificada é um processo contínuo que exige dedicação e estratégia. Com esses fundamentos em mente, você estará pronto para atrair e engajar um público que realmente se conecta com sua marca.

Agora que entendemos como construir uma audiência qualificada, vamos explorar como criar produtos e serviços que tenham viabilidade econômica e atraiam seus clientes ideais. Está pronto para mergulhar nesse próximo passo?

Elementos para vendas efetivas

Além de construir uma audiência qualificada, é essencial que seus produtos e serviços tenham viabilidade econômica e atraiam seus clientes ideais. Aqui estão os elementos-chave para isso.

Resolver um problema real

O primeiro passo para criar um produto ou serviço eficaz é garantir que ele resolva um problema real para seus clientes. Faça uma pesquisa de mercado detalhada para identificar as necessidades e dores do seu público-alvo e desenvolva sua oferta com base nessas informações.

Gerar desejo de solução

Além de resolver um problema, seu produto ou serviço deve gerar um desejo genuíno em seus clientes. Destaque os benefícios e as vantagens exclusivas da sua oferta para criar uma sensação de desejo e urgência.

Confiabilidade na solução e em você

Construir confiança é fundamental para garantir o sucesso de suas vendas. Mostre aos seus clientes que sua solução é confiável e eficaz e que você está comprometido em fornecer um excelente serviço.

Percepção de uma boa oferta

Por fim, certifique-se de que sua oferta seja percebida como valiosa e vantajosa pelos seus clientes. Ofereça um excelente custo-benefício e destaque os benefícios exclusivos que sua solução proporciona.

Ao considerar esses elementos, você estará no caminho certo para criar produtos e serviços que não apenas atendam às necessidades do seu público-alvo, como também gerem vendas efetivas e impulsionem o crescimento do seu negócio.

Princípios para construir sua marca digital

Aqui vamos explorar alguns princípios fundamentais para construir uma marca sólida no ambiente digital.

Humildade e confiança

Seja humilde em suas interações com seus seguidores e clientes, mas também demonstre confiança em sua oferta e em sua capacidade de fornecer valor.

Imagem pessoal

Sua imagem pessoal é uma parte importante da sua marca digital. Mantenha uma presença *on-line* profissional e autêntica que reflita seus valores e objetivos empresariais.

Voz e postura

Desenvolva uma voz única e uma postura consistente em suas comunicações *on-line*. Isso ajudará a construir uma identidade de marca forte e reconhecível.

Networking e ambiência

Aproveite as oportunidades de *networking* e construa relacionamentos sólidos com outros profissionais do seu setor. Isso pode abrir portas para parcerias e colaborações valiosas.

Ousadia e tomada de decisão

Não tenha medo de ser ousado e tomar decisões corajosas em nome da sua marca. A inovação e a criatividade são essenciais para se destacar no ambiente digital.

Ao incorporar esses princípios em sua estratégia de construção de marca, você estará no caminho certo para criar uma presença *on-line* forte e impactante que ressoe com seu público-alvo e impulsione o crescimento do seu negócio.

Compreender esses elementos-chave e princípios fundamentais é essencial para o sucesso do seu negócio no ambiente digital. Ao aplicá-los de forma eficaz, você estará preparado para construir uma marca sólida, atrair clientes qualificados e impulsionar o crescimento do seu negócio de forma consistente e sustentável.

Funil de consciência

A compreensão do nível de consciência da sua audiência é crucial para conduzi-la do conhecimento à conversão. Dividimos esse processo em três etapas:

- Topo do funil: conscientização inicial do público.
- Meio do funil: geração de desejo e urgência.
- Fundo do funil: conversão e venda.

Ao entender e aplicar esses conceitos, você estará preparado para construir uma audiência qualificada, desenvolver produtos e serviços que atendam às necessidades de seu público e conduzi-los por meio do funil de consciência, resultando em vendas efetivas e no crescimento de seu negócio no ambiente digital. Lembre-se de que qualidade é mais importante do que quantidade. É melhor ter uma pequena audiência altamente engajada do que uma grande audiência desinteressada. Concentre-se em oferecer valor genuíno e construir relacionamentos significativos com seus seguidores.

"Explore o universo digital com um modelo descomplicado e construa marcas inovadoras que deixem uma marca duradoura."

Andreia Prisco

CARLA ALMEIDA

Sou Carla Almeida, natural de Salvador/BA/Brasil e resido em Portugal há seis anos com a minha família: o meu marido, Marcio Lira, um cantor maravilhoso com quem convivo e que amo há 12 anos, e o meu filho, Arthur Felipe, campeão de vida e de jiu-jítsu.

Sou coach, escritora, mestre em Economia e Gestão de Recursos Humanos e CEO da Seja Legal em Portugal. Possuo mais de 3.500 horas de atendimentos individuais e em grupo, guiando centenas de pessoas que desejam mudar as suas vidas, empreender nos seus sonhos e impulsionar a sua realidade.

Transformei o que parecia óbvio e predestinado em uma carreira de sucesso e vivo hoje tudo o que sonhei, empreendendo num país de primeiro mundo por meio do *mindset* de sucesso, que significa executar de maneira sistémica e integrada.

carlaalmeidacoach

+351 934152006

carlaftreinar@gmail.com

3 TRANSFORME FRACASSO EM SUCESSO NA ESTRADA DO EMPREENDER

Por Carla Almeida

Desde muito pequena, observei que as pessoas são bastante diferentes. Ainda não tinha um conhecimento técnico sobre o comportamento humano, mas já notava que algumas pessoas tinham um desejo maior do que outras, e que algumas tinham a coragem de romper com padrões e senso comum para realizar o que queriam. Nasci num bairro popular, no meio de uma favela da Boca do Rio, em Salvador/BA. Percebia que alguns amigos optavam por brincar em vez de ir à escola e, em adolescente, algumas amigas escolhiam companhias menos ambiciosas. Enquanto isso, eu escolhia estudar, pesquisar e observar o que motivava aqueles que cresciam e mudavam de vida. A minha primeira decisão foi transformar a minha realidade financeiramente limitada e restritiva, resultado da condição económica e social do lugar onde nasci. Sempre tive o apoio dos meus pais, cujos exemplos de perseverança muito me inspiraram e foram fundamentais para a formação do meu *mindset* disruptivo.

Aos 14 anos, comecei a trabalhar num banco, o que não apenas me proporcionou um crescimento intelectual, mas também me deu acesso a uma realidade de vida mais assertiva e me fez perceber o caminho em direção ao autodesenvolvimento. Iniciei a minha carreira académica pouco depois e percebi que o mundo era bem maior e o meu destino não estava escrito. Eu tinha as ferramentas para conquistar o que quisesse: o conhecimento. Ainda no banco, mesmo sendo menor de idade, realizava tarefas importantes, limitadas ao meu grau de responsabilidade. Durante uma substituição do sistema, percebi que muitos funcionários resistiam à mudança. Decidi aprender o máximo sobre o novo sistema, por conta própria. Após a instalação, quando o sistema foi substituído, as pessoas recorriam a mim para obter ajuda no uso do novo *software*. Essa experiência, além de render horas extras e bónus, fortaleceu o meu *mindset*, mostrando que dedicar tempo e esforço à aprendizagem poderia ajudar mais pessoas, trazer mais ganhos e refletir-se numa evolução financeira.

É importante entender o que significa ter um *mindset* empreendedor. Quem o tem pode até tentar evitar aventuras ou riscos, mas acaba sempre por ceder ao que já foi imaginado. Imaginar é a primeira fase do *mindset*. Pensar, sentir e agir são os passos seguintes. "Tudo que a mente humana pode conceber, é capaz de realizar", diz Napoleon Hill[1] . Para quem possui um *mindset* empreendedor, essa afirmação é um guia. E por que razão empreender causa tanto receio? Se compararmos o empreendedorismo a uma estrada, ela certamente seria estreita, longa e cheia de desafios. Cada etapa do processo empreendedor depende da configuração da mente, dos pensamentos e das ações. Saber quem você realmente acredita ser vai levá-lo ao que quer ter de verdade. E, como funciona um *mindset* empreendedor, que etapas do processo nos levam a empreender é algo que está ligado a ter acesso a conhecimentos estratégicos. Que exemplos devemos reconhecer como forma de vida bem-sucedida? Os que deixam um legado de valor ou os que ensinam a ter *likes*? Como é que os fracassos e insucessos nos tornam mais convictos na missão de empreender? Vamos analisar juntos cinco aspetos que considero muito relevantes para quem deseja romper com o não e, desse modo, fazer acontecer. Vamos a isso!

Procurar conhecimento técnico e sair da zona de conforto

Quando se trata de conhecimento, é crucial considerar as pessoas. Elas são a base de qualquer empreendimento. Pese embora procurar conhecimento técnico e específico seja fundamental, sair da zona de conforto e estabelecer ligações com indivíduos fora do seu círculo é essencial. Essas interações ajudam a desenvolver as suas habilidades sociais, conhecidas como *soft skills*, e podem impulsionar os seus resultados muito mais depressa do que qualquer investimento financeiro. Afinal, ninguém alcança o sucesso sozinho. Conhecer as pessoas certas é como abrir uma porta que o conduz diretamente aos seus objetivos.

---

[1] HILL, Napoleon. Think and Grow Rich. 1937.

Carla Almeida

Ter um referencial de vida de sucesso no empreender

Não consigo imaginar um empreendimento maior do que o cristianismo, mundialmente conhecido. No *coaching*, chamamos um referencial de vida de modelação, no qual procuramos inspiração em exemplos notáveis, não apenas no âmbito espiritual, mas também nos negócios. Aprendemos com as experiências alheias, com os seus erros e acertos, para olhar com mais clareza o nosso próprio caminho. O planeamento que levou Cristo a cumprir a sua missão em 33 anos, conforme descrito na Bíblia, oferece lições valiosas a serem observadas, praticadas e seguidas para alcançar o sucesso. É essencial compreender a importância do tempo nesse processo. Embora vivamos numa era de busca por gratificação instantânea, em que muitos evitam investir tempo e esforço, o sucesso verdadeiro, muitas vezes, requer paciência e dedicação ao longo do tempo. No mundo dos negócios, é necessário agir com rapidez, experimentar, cometer erros e corrigi-los prontamente. No entanto, sem sensibilidade para adaptação, aperfeiçoamento de processos e desenvolvimento de pessoas, alcançar a alta performance torna-se uma meta distante.

Ter objetivos claros e bem definidos

Se voltarmos a imaginar o nosso caminho pela estrada do empreender, vamos perceber que a primeira coisa a ser pensada é no destino, por forma a traçar a trajetória que vamos percorrer. A questão principal nessa viagem é que, se os objetivos e o porquê não estiverem definidos antes de iniciar a viagem, é provável que a sua rota seja a mais longa ou que se desvie do caminho. Isso sucede porque o nosso cérebro irá sempre traçar o que é satisfatório, não o que dará mais trabalho, e é por isso que muitos empreendedores tendem a evitar a dor, seguindo por atalhos e encurtando o caminho, comprometendo o processo e demorando mais tempo para alcançar os seus objetivos, por falta de maturidade na gestão dos seus recursos. Todas as vezes em que tentamos evitar a dor de mudar, de transformar algo e de sair da zona de conforto, estamos a atrasar a compreensão e a aprendizagem que cada experiência, dolorosa ou não, nos oferece. Não quero romantizar algo tão sério como empreender, mas sem as cicatrizes das feridas de uma traição na área comercial, de um investimento sem retorno ou de uma confiança empregue na pessoa errada, não ganharíamos a autoridade de responder de forma rápida e assertiva no dia a dia de um negócio.

Manter o seu espírito ativo e focado no propósito

Mesmo que ninguém acredite que é capaz, a sua resiliência vai fazê-lo realizar além do imaginado, se a sua energia e atenção estiverem alinhadas com os seus objetivos. Quando um empreendedor decide investir tempo, conhecimento e principalmente intencionalidade, esse mix vai levá-lo a ter uma performance de elite. Mas o maior desafio não é ter boas ideias ou tempo para executá-las, é saber o que realmente é essencial e prioritário nessa execução e nunca desistir. Ter uma estratégia de futuro garantirá que não está só a ver o que acontece no agora, mas que as suas ações estão alinhadas com a visão de futuro que fará o seu negócio caminhar na direção certa. Muitos acreditam que empreender é algo solitário, enfadonho, sempre a correr e parece que nunca mais chega ao final, mas é aí que está o segredo. Quem disse que deveria estar só? Quem disse que precisa de correr? Cada momento no *mindset* do empreendedor é uma nova oportunidade de crescer, e o caminhar sozinho não é uma opção, pois sem o apoio das pessoas certas e sem o foco no propósito tudo será em vão. Por esse motivo, antes mesmo de avançar com qualquer negócio, você deve perguntar-se: quem vai ajudar com isso? O que vou ganhar e quem mais vai ganhar com esse negócio? E, o principal: será que ele vai de encontro aos meus valores? Se sim, será sempre só uma questão de fazer o que deve ser feito da melhor maneira possível e de encontrar as pessoas certas para o fazer.

Agradecer os fracassos e desafios propostos

É claro que você sabe que a vida é feita também de fracassos e insucessos, mas será que realmente percebe como isso o ajuda a encontrar o caminho alinhado ao seu propósito? Ajustar o foco e redirecionar a sua intenção para realizar aquilo a que se propôs só será possível se estiver disposto a aprender com a dor. Costumo brincar dizendo que, para cada fracasso, há pelo menos três ganhos em potencial. O primeiro é a lição aprendida: sem falhar não há como reconhecer o caminho certo. O segundo é a oportunidade de melhoria: sem fracassar achamos sempre que somos os melhores, que o nosso negócio é único, mesmo conhecendo os concorrentes. Por último, se não experienciarmos o gosto da derrota, como poderemos apoiar e ajudar outras pessoas a não sofrerem do mal que os desafios de empreender nos impõem? Só sendo grato por cada um desses insucessos podemos ter o domínio necessário do caminho a percorrer para si e para o outro. Cada caminho difícil vivenciado reflete-se na forma como crescemos e evoluímos no processo.

Empreender não significa apenas investir e abrir o seu próprio negócio. Quando analisamos de maneira pormenorizada o ato de empreender, percebemos que está diretamente ligado à nossa necessidade humana e ao nosso sentido de utilização. Em todas as áreas da nossa vida, é necessário empreender para que tenhamos alta performance. Quem não gostaria de ter uma família bem estruturada que reflete valores e felicidade nas suas atitudes quotidianas, de ter um corpo atraente e saudável que demonstre uma disciplina atlética? Quem não gostaria de apresentar números positivos e resultados cada vez maiores nos seus negócios? Isso é ter uma performance de elite.

E por que razão alguns parecem destinados ao sucesso e outros nem por isso?

A resposta, segundo Hill, está na forma como se processa cada informação e qual o significado que damos aos acontecimentos externos e alheios ao nosso controlo. Poderia citar muitas histórias de pessoas que, antes de alcançarem a fama, foram renegadas pelos *media* e pelos empresários do *show business*. Mas, como disse, a minha dor é autoridade para refletir qual o verdadeiro papel de um empreendedor. Sempre que tive experiências negativas nos meus negócios como CEO da Seja Legal Internacional, na prestação de serviços aos imigrantes que desejavam iniciar uma nova vida em Portugal, pensava: será que essa pessoa realmente quer isso? Será que ela está disposta a pagar o preço? Mudar de país, constituir um negócio numa cultura muito diferente e andar sob as regras dessa nova estrada? Logo depois, percebia que, se ela realmente queria, entraria nas estatísticas e tornar-se-ia uma referência no seu nicho, como nós também nos tornamos. Sempre que penso na velha frase – *nem sempre querer é poder* –, discordo plenamente. Nunca conheci alguém que quis muito algo e agiu com todos os recursos deixar de alcançar o que almejava.

“

Saber quem você realmente acredita ser vai levá-lo ao que quer ter de verdade.

Carla Almeida

”

CLÁUDIA SILVA

Sou a Cláudia, a mãe da Maria, uma menina muito corajosa e destemida de quem muito me orgulho. Cresci num bairro social de classe baixa, com pais separados. Durante 8 anos vivi uma relação de abusos físicos e psicológicos.

A minha vida tem sido um turbilhão de emoções e transformações, na qual realizei vários sonhos, nomeadamente obtendo independência financeira e o principal: amor-próprio. Em 2024 decidi investir em formações e fiz a formação do Idec.

O meu propósito de vida é ajudar outras pessoas a se libertarem de relações abusivas.

claudia5silva

4 SUPERAÇÃO DE DESAFIOS DA VIDA

Por Cláudia Silva

Vou contar uma história triste, porém quero que sorriam, porque foi precisamente ela que fez de mim a pessoa que sou hoje. Não sei bem por onde começar, isto é algo que sempre me bloqueou e, em certa parte, me faz sentir um pouco de vergonha da minha história, mas, como tudo tem um início, vou começar pela minha infância.

Nasci no ano de 1989, sou a primeira filha de quatro irmãos e desde cedo assumi a responsabilidade de tomar conta deles. Cresci e vivi com pais separados e o meu maior apoio foi a minha avó, o maior ser de luz que tive, mas também a minha maior perda. Sem qualquer apoio de mãe e pai, lutei sempre pela minha independência sem nunca sentir o amor verdadeiro deles. O único amor genuíno que senti foi o da pessoa que hoje guia cada passo meu: a minha avó. Hoje revejo-me nesse amor, os ciclos repetem-se e sei que vem dela a força que tenho para ultrapassar todos os obstáculos que se atravessam na minha vida e que não são nada fáceis.

Nunca me considerei uma pessoa crente e, durante uma boa parte da minha existência, sempre me autossabotei ao aceitar as migalhas que me davam. Na verdade, durante algum tempo o importante para mim era ser aceite independentemente da forma em como era tratada. Sinto que com tudo isso fui criando crenças de não merecimento, por exemplo, pensar não ser capaz de conquistar as coisas sozinha, e isto deve-se em parte ao facto de ter sido sempre desacreditada e humilhada.

Os meus pais separaram-se tinha eu apenas 8 anos. Relembro-me que não foi fácil. Como se explica a uma criança que vamos ter de deixar a nossa casa para regressarmos à casa da avó? A verdade é que foi isto que aconteceu. No início ainda tivemos o apoio do meu pai, mas, com o passar do tempo, ele afastou-se, distanciou-se tanto ao ponto de hoje não termos contacto. Durante imensos anos senti-me magoada e triste com este fardo. Porém, depois de toda a minha experiência de vida e amadurecimento consegui perdoar e até entender as razões dele. Enquanto adolescente, não considero que tenha sido uma menina revoltada, razões tinha de sobra para sê-lo, mas penso que escolhi outra forma de encarar a vida. Diverti-me quanto tinha de fazer, saí e fui, dentro dos possíveis, uma pessoa leve e sorridente. Fiz a escolaridade até ao 9º ano e depois tentei fazer o secundário num curso profissional, sem sucesso. Optei por começar a trabalhar. Fiz de tudo um pouco e em tudo o que fiz coloquei e dei sempre o melhor de mim em todos os trabalhos.

Agora vem a parte mais difícil da história. Com 15 anos, ainda na escola, conheci aquele que viria a ser o pai da minha filha. Durante dois anos, foi tudo perfeito, pelo menos era o que pensava. Contudo, os sinais estavam todos lá. A mentira, a manipulação e, como eu era inocente, não tinha a perceção que tenho hoje e deixei-me levar pelo que sentia, até ao dia em que descobri a primeira traição e esta foi a razão pela qual a relação acabou pela primeira vez.

Durante o tempo em que tivemos separados, recordo-me de ter um emprego muito bom, de que gostava e no qual me divertia imensamente. Sentia-me bem com a vida, não tive nenhum relacionamento sério, sentia-me em paz. Como não há mal que sempre dure e bem que nunca acabe, soube que ele tinha sido pai e nesse momento tivemos uma "recaída", sem assunto, pois ele já tinha uma família.

Um ano se passou e voltámos a encontrar-nos. A partir desse dia, já não nos largámos mais, pelo menos era o que sentia na altura, mas hoje olho para trás e vejo que foi apenas falta de coragem para ir embora. Estivemos juntos um ano, morámos juntos e voltei a descobrir outra traição, confrontei-o e eis que a primeira agressão aconteceu. Mandou-me embora de casa e tive quase como um *déjà-vu*. Regressei ao lar que me acolheu com 8 anos, a casa da minha avó, sem trabalho, sem dinheiro, depressiva. Duas semanas após o sucedido, descobri que estava grávida. Como assim? O que iria fazer com uma criança naquela altura da vida? Não foi fácil aceitar o início, mas, assim que escutei pela primeira vez o coração da minha bebé, reconheci que ela já tinha de ser minha e que lutaria com todas as minhas forças por ela.

Chegou o dia em que contei ao pai da Maria e a reação não foi a melhor, pelo menos não a que eu esperava. Ele não aceitou a gravidez, voltou a bater-me, chegando ao ponto de me rachar a cabeça, levando-me ao hospital e sempre a dizer que eu teria de abortar porque ele não aceitava a gravidez. Vi-me obrigada a ir às consultas do aborto quando era completamente contra...

Chegou o dia de ingerir as pastilhas para o aborto e menti ao dizer que tinha tomado a primeira dose. Quando chegou o momento de tomar a segunda dose, recusei-me. Contei-lhe na viagem, ele parou o carro, retirou-me da viatura pelos cabelos e obrigou-me a ingerir as pastilhas. Mas enquanto as tomava, vomitei. Foi nesse dia que decidi lutar sozinha, por mim e pela minha filha. Passei a gravidez toda na cama, depressiva e sem comer. Fui sozinha a todas as consultas e senti-me sempre sob pressão por parte do pai dela, que todos os dias me dizia que não ia assumir a filha. Como era de esperar, depois de todas estas ocorrências, a minha gravidez era de risco, o que fez com que a Maria nascesse com 33 semanas. Tinha apenas 1,780 kg e media 40 cm. Mas nasceu cheia de garra, pois sabia que eu precisava dela. Sem complicações, fomos para casa, fiz as pazes com o pai da Maria com a promessa de que tudo seria diferente. Fiquei durante algum tempo na casa da minha mãe e depois fui viver, novamente, com o pai da Maria.

Foram oito anos de autodestruição, sem noção do que vivia, da forma como me tratava e humilhava. Fui inúmeras vezes acordada a meio da noite com berros, o som de objetos a serem partidos. Levei, imensas vezes, com a mesa da sala, isto já para não falar dos dias em que tinha de sair com a Maria de madrugada porque o pai dela entrava em casa com os amigos bêbados e drogados. Não queria aquela situação para ela. Hoje, ao recordar-me de tudo isto, ainda me custa acreditar que me permiti vivenciar aquilo. O reflexo de tudo isto, que não contei a ninguém, foram dias de ansiedade que me levaram ao hospital. Voltei a descobrir mais uma traição, mas desta vez Deus colocou as pessoas certas na minha vida e deu-me força para sair de casa.

Saímos de casa e ficámos, durante um mês, a dormir no chão de casa da minha mãe. Quando saí de casa do pai da Maria, vim com uma mão à frente e outra atrás. No bolso, levava apenas mil euros correspondentes ao meu ordenado e subsídio de férias, mas com esse dinheiro e muito esforço consegui arrendar um T0 longe de tudo e de todos. Não foi fácil esta mudança, a renda era de 400 euros e tive de pagar duas rendas ao senhorio, sobrando-me apenas 200 euros para todos os outros gastos. Era uma casa muito pequena e senti-me culpada pelo facto de a minha filha não ter o quarto dela. Questionei-a se ela era feliz naquele lar, ao qual a reposta surpreendente foi: "Para viver numa casa grande onde não há amor? Nesta há muito amor!". Naquele momento, soube, com toda a certeza, que a Maria era a minha maior força e motivação. Tivemos a oportunidade de nos mudar para uma casa maior, mas fiz uma má escolha, pois chovia lá dentro e tinha muita humidade. Acordávamos muitas vezes com a chuva a cair em cima da cama e íamos dormir para o sofá. Aos poucos fui conquistando a minha independência financeira e conquistando alguns objetivos, como tirar a carta de condução. A Maria acompanhava-me nas aulas, porque, afinal, éramos só eu e ela. Arrendei, finalmente, um bom apartamento e, desta vez, perto das pessoas que gostam de nós. Com muito esforço, consegui comprar o meu carro, proporcionei uma viagem de sonho à Maria levando-a à Tunísia, e enquanto mulher também já me proporcionei conhecer a Républica Dominicana, Ibiza e Madrid. No meio de um turbilhão de afazeres, estudo sozinha.

Após todos estes acontecimentos, olho para trás e vejo que Deus colocou no meu caminho a pessoa certa, aquele a quem eu chamo de anjo da guarda. Foi o meu maior apoio e sei que Deus lhe deu a missão de me transformar naquilo que sou hoje. Porém, sei que não teria saído daquele círculo vicioso se não fosse o meu esforço e a força de vontade, porque não adianta termos apenas os recursos se não houver muito empenho.

Cláudia Silva

Em 2021, iniciei uma nova oportunidade profissional, mas que foi muito mais do que isso: conheci a Yanna Opazo, uma pessoa que transformou a minha forma de estar e de pensar. Ao início fui relutante e até um pouco casmurra, mas ela não desistiu de mim. Fez-me acreditar num Deus e, com a mentoria dela, consegui atingir patamares inimagináveis. Com a ajuda da Yanna, consegui olhar para mim e para a minha história, não com pena, mas sim da forma como deve ser vista: uma vida cheia de superações e vitórias saborosas. Hoje, ao fim de 3 anos, sou uma nova pessoa, aprendi a perdoar o meu passado e a aceitar, finalmente, a minha história! Neste momento, estou a concluir o 12º ano, fiz o Método da Cila Santos, fiz o Idec e tenho acompanhamento constante, a nível de mentoria, da Yanna. Tenho como missão ajudar outras mulheres a encararem a vida de uma forma diferente, fazer-lhes entender que há luz no fundo do túnel e que tal como eu tive a minha história de superação, elas também podem ter, basta que sigam o primeiro passo: amar-se em primeiro lugar para depois aprender a amar o próximo. Sinto-me grata pelo meu esforço, dedicação, determinação e, principalmente, pelo meu amor-próprio.

Ninguém segura uma mulher determinada a escrever a sua própria história de superação. Hoje suporto o meu processo, porque sei que o meu propósito vai ser lindo, até porque como é citado no livro do *O rapaz do pijama às riscas:* "Temos de procurar fazer o melhor de uma situação ruim".

> **“Ninguém segura uma mulher determinada a escrever a sua própria história de superação.”**
>
> Cláudia Silva

EVELINY PEREIRA

Sou Eveliny Pereira, uma filha amada de Deus, dedicada esposa e mãe de duas filhas. Nasci em Fortaleza/Brasil, mas atualmente resido no Porto/Portugal.

Com mais de 16 anos de experiência na área da saúde visual, desenvolvo atividade como optometrista e empresária no ramo de ótica. Descobri a minha missão e propósito de vida, isso fortaleceu o meu compromisso com o próximo e com a clareza da visão.

A determinação e o amor pelo conhecimento e crescimento pessoal levaram-me a procurar formações como *Master Coach*, analista de Perfil Comportamental e terapeuta integrativa.

Ao mergulhar na minha jornada interior e explorar a minha verdadeira essência, despertei para a missão de ajudar pessoas a descobrirem o seu propósito e desfrutarem de uma vida abundante, um presente divino ao alcance de todos nós.

evelinypereiraoficial

evelinypereiraofc

Eveliny Pereira

Eveliny Pereira

evelinypereira125@gmail.com

5

MISSÃO E PROPÓSITO

Por Eveliny Pereira

Este capítulo é para aqueles que estão à procura de descobrir a sua missão e propósito neste mundo confuso em que vivemos. Não precisa preocupar-se com jargões complicados ou filosofias abstratas, pois vamos explorar esses temas de forma simples e descomplicada, como se estivéssemos a tomar um café. Então, pegue a sua caneca, prepare um lanche e vamos começar essa jornada juntos!

Já alguma vez ficou a pensar no propósito da sua vida? Sei que já o fiz. Lembro-me de uma tarde ensolarada, sentada no metro , a voltar de mais uma aula da minha 4ª matrícula na faculdade. Isso mesmo, já com os meus 38 anos de idade, casada, mãe de duas filhas e com três graduações no meu *curriculum*... Porém, continuava cheia de dúvidas e perguntas sem respostas. Mas, ao visualizar as lindas paisagens exteriores do Porto, cidade onde moro atualmente, fiquei a questionar-me e a tentar saber o significado de tudo. Parecia que algo estava a faltar-me, como se estivesse a viver sem destino. Foi quando percebi que precisava entender: para que vivo? Qual a minha missão e propósito de vida?

Neste capítulo, exploraremos essa jornada emocionante e, muitas vezes, desafiadora. Não é uma jornada de respostas rápidas ou soluções milagrosas, mas sim de autoconhecimento, autoconsciência e descobertas pessoais. Abordarei o tema de forma clara e simples, pois para mim essa descoberta foi um grande desafio. Muito do que lia ou pesquisava era bastante complicado e de difícil compreensão.

Se você já se perguntou se há mais na vida do que apenas seguir o fluxo, aqui trago esse esclarecimento. A procura pelo sentido da vida é algo sadio, normal e relevante. Os mais renomados psicólogos do século XX reconheceram isso. Freud[1] disse: "As pessoas têm fome de amor". Jung[2] afirmou: "As pessoas têm fome de segurança". Adler[3] disse: "As pessoas têm fome de significância". Então, qual é o sentido da vida?

Descobrir qual é a nossa verdadeira identidade, o que nos motiva e explorar as nossas paixões e ligações mais profundas são passos da descoberta do propósito. Ao fazê-lo, podemos encontrar significado ao praticar a gratidão, a resiliência e, ao seguir um propósito, transformar desafios em oportunidades de crescimento e aprendizagem.

A busca por uma missão e por um propósito de vida é uma jornada natural no ser humano, é uma chamada interior que vai além das tarefas diárias. Este é um tema muito discutido atualmente, conectando as pessoas em busca de significado e direção. Ao mergulharmos nas complexidades desse assunto, é importante entender a diferença entre missão e propósito. Mas, antes, é crucial termos uma visão clara e positiva de quem somos, como estamos e para onde queremos ir.

Vários estudiosos e especialistas em visão afirmam que 80% de toda a informação que recebemos e processamos diariamente é obtida por meio da visão. Isso mostra a importância da nossa capacidade visual para entender o mundo ao nosso redor e a formar nossas perceções. Ter uma visão clara de quem você é e o destino que deseja é essencial para identificar a sua missão e seu propósito na vida.

Compreender a sua identidade, suas habilidades, seus princípios, seus valores, suas paixões e suas metas torna mais fácil identificar o que realmente importa e o que deseja alcançar. Isso ajuda a definir uma direção significativa para a vida e a encontrar atividades e causas inspiradoras. Com uma visão clara e positiva dos seus objetivos e valores, é possível alinhar ações com missão e propósito, procurando realizar o seu potencial máximo e contribuir significativamente para o mundo ao seu redor.

De forma prática e simples, procure expandir a sua visão de mundo e descobrir quem realmente é, reconhecendo as suas qualidades únicas e maximizando o seu potencial. E, quem melhor para nos inspirar nessa jornada do que Deus, o Criador que nos deu vida e nos moldou à Sua imagem e semelhança? Explore as qualidades que existem dentro de si,

---

[1] FREUD, Sigmund. **Três ensaios sobre a teoria da sexualidade**. 1905.
[2] JUNG, Carl Gustav. **O eu e o inconsciente**. 1928.
[3] ADLER, Alfred. **O sentido da vida**. 1933.

que o trouxeram até aqui. Sem visão do futuro, você pode subestimar o valor do presente.

Você pode até pensar que não tem valor e não consegue identificar as suas qualidades, mas é um ser especial e cheio de potencial, criado à imagem e semelhança de Deus. Infelizmente, muitos de nós tiveram a identidade distorcida ao longo dos anos, principalmente na fase da infância. Para ser prático, pegue em lápis e papel e escreva pelo menos 10 qualidades positivas sobre si mesmo. Se está a ler até aqui, uma qualidade que tem é ser incrivelmente determinado. Acredite, com a sua identidade fortalecida, que a sua visão estará a um passo da expansão.

Nessa jornada de olhar para dentro de si, é necessário plantar as sementes do autoconhecimento, reconhecer os valores, experiências e sonhos que surgem da descoberta da identidade e que contribui para perceber o propósito de vida. Essa busca intensa por significado revela a complexidade da vida, na qual cada história é única e desdobra-se com propósito e sentido.

A partir daqui, comece a estabelecer aonde chegará. A visão aponta o destino, foque a sua energia nessa descoberta. É comum sabotarmo-nos ao traçar uma visão de longo prazo, com medo de falhar ou não lidar com o poder que isso traz. Quando se tem uma identidade fortalecida e um destino bem definido, mesmo nas tarefas mais difíceis, não faltará paixão para realizá-las.

Com a visão de futuro alinhada, partimos para a missão. A missão é o próximo passo, aquilo que você deve fazer todos os dias para que o futuro chegue no prazo determinado, ou seja, a missão é o caminho para o alvo que se deseja. Quando o destino está claro, é preciso percorrer o caminho até chegar lá. Essa jornada é a missão. No entanto, é mais do que uma simples força motivadora: é um guia para se chegar ao destino.

A vida é como um grande quebra-cabeça, repleto de experiências, desafios e descobertas que representam quem somos. Quando envolver-se nessas histórias, compreenderá melhor a missão. Enfrentará obstáculos pelo caminho, mas é justamente ao superá-los que descobrirá o seu verdadeiro potencial. A jornada é uma história rica em detalhes, em que cada reviravolta revela mais sobre o propósito e o convida a perceber a razão de ser.

Por outro lado, o propósito é compreender mais profundamente a razão de existir, utilizando os caminhos traçados pela missão para alcançá-lo. Enquanto se aventura nesse labirinto da vida, cada pessoa tem a sua própria jornada, desafios enfrentados, conquistas celebradas e tentativas da descoberta da sua verdadeira essência.

De forma simples e direta, o propósito é a ideia permanente, que ocupa o centro de todas as outras ideias da vida. Descobri-la obriga à dedicação, à exploração e ao autoconhecimento. Ter um propósito dá sentido à vida, procurar realização pessoal enquanto se apoia em causas importantes pode gerar mudanças incríveis no meio em que se vive e até atingir níveis mais amplos e imagináveis.

Identificar a missão e o propósito de vida vai além de nós mesmos. É mais do que uma jornada pessoal: é uma forma de contribuir para algo maior. Quando se compreende e se abraça a missão, realiza-se o que se acredita ser certo, positivo e transformador, criando uma rede de propósitos interligados, gerando um impacto social positivo.

Outra questão importante e crucial do propósito são as influências externas, que desempenham um papel essencial na vida, seja por meio de mentores inspiradores, livros motivadores, modelos a serem seguidos ou eventos impactantes. Quem tem um propósito escolhe as suas companhias com cuidado, pois sabe que, na imensidão de conselhos, há sabedoria.

Nesse processo, aprende-se que a missão e o propósito de vida não são destinos finais, mas sim bússolas que guiam constantemente em direção a um futuro com significado. Com este olhar profundo sobre a busca interior, afirmo que Deus tem um plano para a sua vida. Ao perseguir a missão e o propósito de vida, mantém a esperança, pois embora o casulo possa parecer escuro e solitário, não é o destino final. Há sempre uma borboleta pronta para voar e cumprir o seu propósito.

Para concluir este capítulo, deixo-vos 10 dicas para identificar a missão e propósito. Ao trilhar essa jornada, você começará a ter uma compreensão mais profunda de si mesmo, de suas paixões e valores fundamentais.

1. Reserve tempo para refletir sobre as suas experiências, valores, crenças e interesses, questionando os seus talentos e motivações na vida.
2. Faça perguntas profundas sobre quem você é e o que deseja alcançar. Identifique os seus pontos fortes, áreas de crescimento e valores pessoais.

3. Explore novas atividades, hóbis e experiências para descobrir o que ressoa em si, mantendo-se aberto a diferentes perspetivas e aprendizagens ao longo do caminho.

4. Procure *feedback* honesto de amigos, familiares e mentores para perceber melhor as suas qualidades únicas e aspetos de melhoria.

5. Pratique técnicas de meditação e escrita reflexiva para aceder ao seu eu interior e obter clareza sobre os seus desejos e propósitos mais profundos.

6. Dedique alguns minutos diários à meditação para conhecer o seu Criador, cultivar calma e clareza mental, observando os seus pensamentos com acolhimento e sem julgamento.

7. Registre regularmente num diário as suas experiências, pensamentos e reflexões sobre a sua jornada pessoal. Isso providenciará *insights* profundos sobre si mesmo.

8. Conecte-se com a natureza por meio de caminhadas em parques ou trilhos, permitindo-se desfrutar da serenidade e beleza natural para restaurar o equilíbrio interior.

9. Cultive a gratidão diariamente, refletindo sobre as bênçãos e aspetos positivos de sua vida para fortalecer um sentido de plenitude e apreciação.

10. Pratique a atenção plena nas suas atividades diárias, concentrando-se no momento presente para sentir-se mais conectado consigo mesmo e com o mundo ao seu redor.

Que este capítulo seja um convite para você descobrir sua missão e seu propósito. Que cada parágrafo seja um passo em direção à realização pessoal e ao serviço aos outros. Gratidão por estar nesta jornada. Desejo que você possa viver uma vida plena e abundante.

"O Senhor te abençoe e te guarde; o Senhor faça resplandecer o seu rosto sobre ti e te conceda graça; o Senhor volte para ti o seu rosto e te dê paz."

(Números 6:24-26)

"Todos nós nascemos com missão e propósito de vida. Quem os identifica desfruta de uma vida plena e abundante."

Eveliny Pereira

GREICE KELLY

Meu nome é Greice Kelly, natural de Belo Horizonte/MG, filha da Simone e segunda mulher mais velha de uma família de seis irmãos. Decidi desbravar o mundo em busca de desenvolvimento e experiências. Atualmente, resido em Portugal, onde sou empreendedora digital e infoprodutora. Ajudo mulheres a posicionarem-se no marketing digital, desde a criação de infoprodutos até ao desenvolvimento da sua melhor performance e resultados, com alunas no Brasil e Portugal.

Sou mentora, estrategista em marketing digital, *coach* integral sistémico, palestrante e escritora. Além disso, compartilho os meus conhecimentos em palestras de empreendedorismo e *networking*, incentivando mulheres a alcançarem o sucesso e a abundância nas suas vidas.

greicekelly.oficial_

gestaoexpert.pt@gmail.com

6

NETWORK ESTRATÉGICA

Por Greice Kelly

Pense em algo que pode mudar a sua vida drasticamente. Pensou?

Então, vamos falar sobre esse nome muito famoso: *networking*.

Se você não faz, ainda ou não sabe muito bem como funciona, seja muito bem-vindo(a) ao meu capítulo deste livro.

Afinal de contas, é exatamente por causa dessa *network* estratégica que cheguei até aqui hoje, escrevendo para si.

E acredito que também é por isso que está lendo ele.

Faz sentido o que disse?

Pois é, imaginei! Então vou compartilhar um pouco do que vivo diariamente, que faz totalmente parte de mim e da minha vida. *Network* é basicamente um estilo de vida no qual aquilo que você não sabe é porque não conheceu alguém que te ensine, e o lugar em que não está é porque não conheceu alguém que te dê uma virada de chave para atingir o próximo nível.

Devemos aprender a desenvolver-nos e a fazer perguntas para onde e quais as pessoas de quem queremos estar perto, que tipo de pessoa se pretende tornar e para se tornar nessa pessoa precisa conectar-se com tipos de pessoas que te levem até lá.

E como fazemos isso estrategicamente? É alinhando os seus princípios e valores. Às vezes, você pensa: "Mas como vou alcançar a pessoa que quero tornar-me já que ela já se encontra em um patamar de vida muito mais elevado que o meu, numa outra realidade?".

Sim, já pensei dessa forma e sei como você se sente, e realmente parece distante no início. Mas ao primeiro ponto você já chegou, que é: como fazer? E aonde ir para chegar lá. Nem tudo é tão distante como parece no início, devemos entender quais os caminhos que essas pessoas percorreram e o que elas estão a fazer para que você chegue até lá.

Todos nós devemos avaliar e mudar a nossa mentalidade diariamente. Quando começamos a mudar a nossa mentalidade mudamos a frequência em que estamos, pois nós somos modelados pelo ambiente em que estamos inseridos. Então veja o seu ecossistema e analise.

Quando comecei a mudar, a primeira coisa que procurei foram treinamentos de inteligência emocional, pois afinal de contas não estava numa boa fase. Assim que fiz o meu primeiro treino, tive a certeza de que era aquilo que queria viver na minha vida; estava disposta a mudar radicalmente e senti no meu espírito que aquele era o meu ambiente e que ali era o meu lugar como nunca sentira antes.

Foi quando decidi ficar mais próximo e comecei a desempenhar funções de *staff* nos eventos, porque sempre gostei de servir pessoas e ali poderia desenvolver-me e aprender cada vez mais para que mais pessoas possam ser alcançadas.

Servir é a minha linguagem de amor e gratidão, e é também uma forma de honrar as pessoas que admiro e que me ajudaram.

— Como assim, Greice?

Vou explicar. Vem comigo que vou te contar.

Muitas vezes, não tinha dinheiro suficiente para pagar certas coisas ou estar com pessoas que admirava e com quem queria aprender. Isso também diz um pouco de onde quero chegar e da pessoa que quero tornar-me no futuro próximo. Quando fiz essa transformação, precisava mudar totalmente o ambiente em que vivia. Sentia a necessidade de mudar. Esse objetivo mudou primeiro na minha mente, lá no Brasil, ainda quando trabalhava numa clínica dentária como auxiliar de dentista. Fazia tudo da clínica, recebendo só um salário e ainda com medo de me mandarem embora, porque, depois que decidi mudar a minha mente, sentia necessidade de sair da casa da minha mãe, com quem já morava há algum tempo.

Então, apareceu uma oportunidade de mudar de casa e dividir um apartamento com um amigo. Mas não se tratava de um qualquer apartamento, era um apartamento no qual sempre quis morar, dentro de um condomínio com piscina. Estava muito alegre, mas, ao mesmo tempo, chegou um sentimento de tristeza, porque estava sem dinheiro e o valor da renda era quase o meu salário. Mas tinha uma pessoa que me incentivou e me ajudou a mudar, e assim fiz.

Cada pessoa com a qual nos ligamos verdadeiramente nos leva para um nível diferente. Por isso, ande com pessoas melhores do que você e que te impulsionem, fazendo com que seja capaz de enfrentar os seus medos. Nem todas as pessoas são estratégicas na nossa *network*, mas são estratégias de Deus para fazer você mudar e se levantar. E nunca pense que toda *network* é estratégia ou mérito seu, pois haverá pessoas que Deus vai enviar porque, simplesmente, sozinhos não conseguimos.

Quando fez um mês que me mudei para o meu novo lar, sou mandada embora. Isso mesmo! E o que fiz foi procurar conselhos com o amigo que morava comigo, tanto era o medo que tinha de ser mandada embora. E aí começou a minha nova jornada empreendedora de *nail designer*. Eu já sabia fazer o trabalho, porém não atuava na área, mas decidi começar a fazer unhas no meu condomínio e montei um espaço na nossa sala para receber as clientes. A minha mensagem, por isso, é que esteja em movimento constante para que as coisas fluam na sua vida, não se contente com o que tem ou com o que já sabe, há sempre lugar para aprender e capacitar-se mais.

Nesse tempo empreendendo, comecei a me desenvolver e a me conectar com pessoas. Comecei a ir a mais eventos e fazer o "famoso" *networking* estratégico para começar no marketing digital. E assim foi. Fiz cursos e comecei a empreender no digital enquanto era *nail designer*. Nesse processo, deparo-me com uma oportunidade de imigrar para Portugal. E lá vamos nós, de novo, para novas aventuras do desconhecido. Estudei as possibilidades e decidi vir, conhecendo apenas uma pessoa, que era meu amigo e que me deu todo suporte necessário. Mas encontrei um enorme desafio, sabe qual? Não conhecia ninguém do meu "povo" do marketing e do desenvolvimento pessoal. Foi um choque de realidade, porque quase ninguém trabalhava no digital como no Brasil, onde era mais fácil me conectar com outras pessoas. Deparei-me com pessoas mais reservadas e fechadas. Foi quando comecei a procurar palestras de desenvolvimento pessoal.

Como referi, não tinha dinheiro, porque o que eu trouxe não foi suficiente, virei imigrante e fui trabalhar novamente no *design* de unha e ser cuidadora de idosos. Fiz as minhas pesquisas pelas redes sociais, encontrei uma *coach* e a chamei para servir num treinamento que iria ter, mesmo sem conhecer ela e nem ninguém aqui. Por isso, digo que é fundamental procurar pessoas na mesma frequência da sua e fazer *network* para estar perto delas, não reduzindo a frequência, pois a nossa mente é sabotadora. Pensei que, se der certo, vou estar numa palestra incrível que desejava assistir, com pessoas com as quais quero estar e aprender e ainda conhecer pessoas novas aqui. Pensei em tudo! Um filme passou na minha cabeça. E coloquei na mão de Deus o abrir as portas. Fui trabalhar no maior evento de inteligência emocional do mundo, chamado método Cis, servindo na parte de cobertura de eventos que nunca tinha feito e, ainda por cima, com um telemóvel velho.

Mesmo que não tenha as ferramentas necessárias no momento, procurar desafiar-se, isso é uma peça fundamental para o seu desenvolvimento. Faça tudo com o seu coração, que esse é o primeiro passo, nada pode dar errado se Deus te direcionou.

Assim aceitei, para estar perto, conectar-me e fazer o meu melhor com o que eu tinha, porque era o meu sonho fazer aquela formação, mas não estava no meu orçamento.

Mais do que fazer *network* estratégica, devemos ir na direção das pessoas certas, que podem ajudá-lo e ensiná-lo, pois não é com qualquer pessoa que nos devemos conectar.

Depois dessa experiência, tive uma grande expansão, pois conheci várias pessoas, às quais me liguei e com as quais trabalhei. Assim, surgiram várias oportunidades e comecei a oferecer os meus serviços no marketing digital, pois senti que era algo que falta em Portugal e havia pouca oferta, pelo que continuei a empreender nessa área. Fui convidada para fazer palestras e comecei a fazer jantares e reuniões de *networking* e assim fui conhecendo mais pessoas. Toda a conexão consiste em aprender algo no qual você também possa transbordar na vida das pessoas. *Network* não é sobre dinheiro, mas ele pode levá-lo ao crescimento financeiro, pessoal e espiritual. Tenha um coração humilde e ensinável para poder desenvolver-se.

Tudo que disse desde o início foi através de *networking* a que me adicionaram, com pessoas que me ajudaram mudar. Não pense que consegue alguma coisa sozinha(o), porque não consegue. Sempre precisaremos de pessoas. A sua vida é baseada em servir pessoas, e nada melhor que servir os outros para nos aperfeiçoarmos na jornada da vida. Decida deixar um legado e marcas de vida por onde passar.

Existem dois tipos de *networking* estratégico. O primeiro é aquele a que chega intencionalmente nos lugares e nas pessoas que deseja ligar-se e aprender, por meio de treinamentos, reuniões, palestras, cursos e materiais. Mas nem sempre vai ser da forma que você pensa, às vezes demora um bom tempo para chegar a conectar com a pessoa que deseja. O que tem que ter em mente é estar no mesmo ecossistema e agregar valor.

O segundo tipo é o *networking* estratégico de Deus. Ele vai colocar pessoas no seu caminho que você nunca imaginou, para levá-la(o) a lugares aonde não daria conta de chegar sozinha(o), e lhe direcionar, por meio do Espírito Santo, o necessário para que o seu chamado seja ativado e o crescimento chegue pelo fundamento e pela maturidade da palavra. Esse é mais poderoso, pois é baseado na sua conexão com Deus e tudo vai ser inexplicável, mas vai acontecer de forma inimaginável. Ele é ativado na sua identidade.

Um pouco do que contei é baseado numa mistura das duas formas, já pensou nisso? Este é um breve resumo que, um dia, poderei contar pessoalmente ou nos meus próximos livros e palestras.

“

O principal *networking* está em saber quem você é em Cristo.

Greice Kelly

”

HENRIQUE SANTO

Henrique Miguel da Piedade Louro e Ribeiro Santo, filho de Deus, pai de duas meninas, a Matilde e a Francisca. Com formação académica em Engenharia Civil é, desde 2012, empresário em diversas áreas, dedica-se a ajudar empresários e novos empreendedores a encontrar os caminhos de vida pessoal e de novos negócios, levando a que ideias saiam do papel com garantia de futuro, tendo como missão apoiar as pessoas a encontrarem a vida abundante que Deus preparou para elas.

Inovar sempre, desenvolver produtos e serviços novos são um princípio de vida. À data em que este texto é escrito, é sócio de cinco empresas – e está sempre à procura das melhores soluções e dos melhores projetos para servir os outros.

coachenriquesanto

+351 919 674 078

coachenriquesanto

www.henriquesanto.pt

PERFORMANCE DE ELITE

7

CRIATIVIDADE E INOVAÇÃO

Por Henrique Santo

"Se tivesse tido a ideia dele, também conseguiria ser tão rico como ele". Quantas vezes já ouvimos esta frase? Quantas vezes já nos perguntámos por que não temos a capacidade de ter ideias que nos permitam inovar? Inovar em algo diferente, algo necessário para a sociedade, aquele produto que nunca foi inventado, aquele serviço que todos precisam.

Também já criámos a crença de que a roda já foi inventada. Durante quase toda a minha vida ouvi essa frase e, de uma forma geral, poderia concordar com ela, mas a realidade é que ainda temos muito por onde evoluir. Não estou a dizer que somos todos como o Yoshiro Nakamatsu, que detém o recorde de patentes, mas dou aqui o exemplo da entrega de comida ao domicílio. Referimo-nos a um segmento de negócio que já existia antes da pandemia de covid-19 e que foi potenciado durante esse período, surgindo inúmeras plataformas a criar soluções de fazer chegar bens a pessoas que precisavam deles e que, durante esse período, também alimentou muitas pessoas que se viram privadas das suas fontes de rendimento.

Normalmente, é durante uma guerra e nas crises que surge mais inovação, é quando existe maior investigação e usualmente surgem projetos interessantes, que posteriormente se tornam presentes no nosso dia-a-dia. A pandemia não deixou de ser uma guerra que todos nós tivemos de lutar e durante a qual muitos de nós tiveram de inovar para conseguir sobreviver.

Eu próprio, na minha empresa, tive de inovar. O meu trabalho estava dependente de aprovações em reuniões de condomínio, que, de um dia para o outro, deixaram de ocorrer e durante quase dois anos não se realizaram. Ou seja, se não tivesse inovado, teria sucumbido à pandemia, assim como ocorreu com muitas empresas.

Henrique Santo

O que aconteceu na minha empresa foi o desenvolvimento de um produto novo que pudesse ser o garante do trabalho durante esse período e hoje representa uma fatia interessante no negócio da minha empresa. Foi uma necessidade que impôs que eu inovasse, que criasse algo, que analisasse o impacto, que estudasse a melhor forma de implementar e de passar da teoria à prática. Inovei não por experimentação e análise, mas por necessidade.

Então pode o leitor perguntar: só quando existe necessidade é que vão aparecer projetos inovadores? As ideias criativas não podem ter sucesso em qualquer momento? É óbvio que estamos sempre em constante aprendizagem e sempre em permanente desenvolvimento de novas ideias e de novos projetos para inovar, para ser diferente, para resolver problemas à sociedade, para criar serviços novos, ou produtos inexistentes, que permitam ser diferentes num mundo de iguais.

E este é o segredo: conseguir o produto ou serviço que é diferente, que consegue ser tão revolucionário que todas as pessoas o reconheçam e tenham a clara perceção da sua necessidade. E o leitor pode perguntar: sim, mas como é que eu consigo descobrir o "tal produto"?

Eu considero que a criatividade está ao alcance de todos nós. Afinal, todos podemos sonhar e imaginar coisas fantásticas nos nossos sonhos, apenas temos de canalizar os nossos pensamentos para os projetos – que tenham capacidade de serem úteis à sociedade – se tornarem inovadores no meio em que se vão inserir. Caso contrário, serão completamente inócuos e desenquadrados do seu tempo. Existem invenções do passado que, na altura, eram completamente inúteis e que nos dias de hoje são fundamentais. Mas o contrário também acontece: houve invenções do passado que inovaram e se aprimoraram, desaparecendo do mercado, dando lugar a outras mais eficientes, como a máquina de escrever, que hoje é substituída por computadores.

Também é importante termos em conta valores sociais, ambientais e éticos, analisarmos o impacto que a nossa ideia vai ter na sociedade e meio ambiente, garantindo que não vamos criar algo que prejudique ou traga problemas para nós ou para o meio onde se vai inserir.

Para o desenvolvimento da criatividade, ou seja, para podermos ter novas ideias, temos de pensar. Sim, pensar! E o pensar normalmente vem de um diálogo interno, que só pode ocorrer se não houver distrações, daí que é usual dizer-se que a meditação potencializa a criatividade. Cada um de nós tem o seu momento de pensamento. Dou o meu exemplo: gosto muito de pensar quando faço grandes caminhadas ou quando viajo sozinho de carro. Desligo o rádio e chego a ter conversas internas de três horas. Esse é o primeiro passo, pensarmos em algo e internamente analisarmos até que ponto faz sentido essa implementação. Se o resultado dessa ideia que surgiu for satisfatório para nós, então vamos passar à fase seguinte. Essa pode ser a necessidade de validação da primeira fase. Uma técnica que uso é, por exemplo, passar a ideia àquelas pessoas que me são próximas e analisar a sua reação.

Também é muito importante que se pesquise a nível mundial se alguém já teve a mesma ideia. Em caso afirmativo, é altamente recomendável que procuremos os resultados dessa ideia e qual foi o impacto na sociedade, para aperfeiçoar melhor o nosso projeto.

Nessa fase é muito importante termos sempre presentes uma palavra: humildade. Sermos humildes o suficiente para ouvirmos o que os outros têm a dizer da nossa ideia e analisar. Eu gosto muito de *feedback*, pois permite-me pensar novamente em especial naquilo que pode estar errado e corrigir.

Depois de ter uma ideia minimamente estruturada, avaliada por pessoas que não se vão apropriar indevidamente dela, é necessário averiguar até que ponto faz sentido colocá-la em prática, ou seja, nem todas as ideias devem passar à prática e nem todas as inovações podem ser materializadas, senão correríamos o risco de estar constantemente a desperdiçar energia em projetos inúteis. Mas todas as ideias são bem-vindas, todas as ideias devem ser pensadas e analisadas. De todas, haverá sempre algumas que poderão ser implementadas e, dessas, certamente, haverá algumas que se poderão tornar em produtos ou serviços essenciais à humanidade.

Se tivermos quem acredite no nosso projeto, então chegou o momento de passar à análise exterior, com estudos de mercado, custos de implementação, análise de possíveis parceiros de negócio e, acima de tudo, avaliarmos qual o montante que estamos dispostos a perder para implementar o nosso projeto, e quanto tempo vamos conseguir aguentar sem fazer uma única venda. Sim, de nada vale termos uma grande ideia se não conseguirmos ter o financiamento para ela, inclusive para o período de carência, ou se não tivermos a quem a vender, alguém que esteja disposto a seguir connosco.

Quando menciono qual o valor até ao qual estou disposto a perder para implementar a minha ideia, refiro-me essencialmente à necessidade de definir um marco a partir do qual o projeto deixou de fazer sentido, quando "não tem pernas para andar" e, por isso, deve parar. É usual muita gente dizer que não existem projetos falhados, mas empreendedores desistentes. Eu prefiro dizer que é preciso saber até onde estou disposto a ir e a definição desse marco tem de ser feita no momento zero. Caso contrário, posso viver a minha vida na ilusão de que vou conseguir encontrar o parceiro certo para o meu projeto e, ao longo desse tempo, vou desperdiçar energia e recursos, além de passar a minha ideia a muitos que a utilizarão em proveito próprio e eu a destruir a minha vida.

Depois de ter a ideia, os recursos, o projeto implementado, as pessoas certas para nos ajudar, os custos fixos, as dores de cabeça, então vamos vender o nosso projeto e dar a conhecer ao mundo. Nesse momento recomendo que acrescente 50% aos recursos necessários estimados (dinheiro, tempo, disponibilidades etc.).

É neste momento que vos deixo a palavra que melhor me define: resiliência, que é nada mais nada menos que a capacidade de ouvir a palavra "não" e continuar a acreditar, pois nós acreditamos que o que vendemos é o melhor, mas não conseguimos que os outros o comprem, e isso deita abaixo a nossa capacidade de ir mais além. É nesse momento que se torna importante termos o nosso horizonte definido, as nossas metas, os nossos objetivos e analisarmos se estamos a fazer o que considerámos lá atrás que seria a melhor estratégia e corrigir.

Ao longo desse processo todo, é fundamental escrever tudo, para a qualquer momento podermos analisar, reavaliar e corrigir o que for necessário. Um projeto/uma ideia não tem de ser quadrado(a), deve ser sempre ajustado(a) em todos os momentos para ser cada vez melhor e mais adaptado(a) ao público a que se destina. É usual existir um projeto com um determinado objetivo e acabar por servir de outra forma, temos como exemplo a cola do *Post it* que, quando foi inventada, era para ser uma supercola. E se o nosso projeto fracassar em alguma das fases, não significa que deixamos a nossa criatividade de lado. Nem todos os projetos são bem-sucedidos, nem todos os produtos têm o impacto necessário. Nem todas as ideias devem ser implementadas, mas está tudo certo. Até pode ser algo que naquele momento não tenha recursos para andar e, mais à frente, noutros contextos, se consiga implementar facilmente.

Depois do produto/serviço criado, de já termos o nosso público, os nossos clientes, é fundamental refletirmos sobre os seus resultados e inovar. Sim, não há nada que possa ser bom o suficiente que não possa melhorar. A melhoria permanente e a inovação constante são fundamentais para a otimização dos resultados.

Outro aspeto fundamental é o foco. Tudo aquilo que focamos expande, logo, quando temos uma ideia, um projeto, um produto, devemo-nos focar nele o suficiente para o fazer crescer e todos os outros produtos/ideias devem ser colocados(as) em *stand-by* para eventual implementação mais à frente.

Sê criativo, cria algo novo, inova, estuda, analisa, calcula o impacto, considera a perda, implementa, sê resiliente, vai em frente e, se fracassares, para no momento que definiste e analisa, verifica onde estava o erro e volta a rever tudo e percebe o que correu mal, para não repetir os mesmos erros.

Se não funcionou, não te preocupes, repete o processo até funcionar. Achas que o Thomas Edison inventou a lâmpada na primeira tentativa?

“

Se não funcionou, não te preocupes, repete o processo até funcionar.

”

Henrique Santo

IARA DE CASTRO PIMENTA

Iara Pimenta, nutricionista há mais de 12 anos, já impactou positivamente centenas de pessoas, com as quais caminhou na obtenção de um melhor e mais consciente estado de saúde integrado.

Com formação nas áreas das terapias ortomoleculares, nutrição funcional, *coaching*, nutrigenética, entre outras que servem de ferramentas para potenciar e efetivar os resultados pretendidos por quem a procura.

Práticas como o *mindfulness*, a gratidão e a oração fazem parte das rotinas diárias, utilizando-os como métodos eficazes para atingir o sucesso e a vida plena.

iara.castropimenta

(+351) 932690060

www.iarapimenta.pt

mail@iarapimenta.pt

PERFORMANCE DE ELITE

8 NUTRIÇÃO INTEGRATIVA PARA UMA PERFORMANCE DE ELITE

Por Iara de Castro Pimenta

A procura pela performance de elite é um caminho que exige muito mais do que talento, eficiência no trabalho ou nas atividades quotidianas. Para alcançar o auge do desempenho em todas as áreas da nossa vida, é essencial adotar uma abordagem holística que insira a nutrição integrativa, que aborda o bem-estar geral integral por meio do estímulo do autoconhecimento, da autoeducação, da autocura, da autoestima, assim como por meio do foco na consciência, seja ela alimentar ou comportamental. Desta forma, podemos definir a nutrição como a interligação e conexão integral de quatro pilares essenciais e que representam a base do ser, sendo eles a nutrição física, mental, emocional e espiritual. Este capítulo explora como cada um desses pilares contribui para uma performance otimizada e como integrá-los de maneira eficaz.

Nutrição física

A nutrição física é a base para manter níveis de energia elevados, promover a saúde geral e prevenir doenças. A alimentação, a hidratação, o padrão de sono e o exercício físico individualizados e adequados são escolhas diárias disponíveis para todos e que fazem parte da saúde integral. Todos esses fatores sustentam o corpo ao longo do dia, sendo primordiais para a energia vital, para promover a recuperação e para o desempenho ideal no dia a dia.

- Hidratação

A desidratação pode afetar a concentração, o humor e a energia, impactando negativamente a performance. Manter os níveis de hidratação adequados é vital para o funcionamento ótimo do corpo e da mente. O ideal é beber água regularmente ao longo do dia, de acordo com o seu peso corporal. Além da água, podemos incluir infusões sem adição de açúcar ou substitutos, e assim contribuir para a hidratação e fornecer nutrientes adicionais.

- <u>Exercício físico</u>

O exercício físico regular é essencial para manter o corpo saudável, melhorar a capacidade cardiovascular e aumentar a energia. Além disso, o exercício contribui para a saúde mental e emocional, ajudando a reduzir o *stress* e a melhorar o humor. É importante estabelecer uma rotina de exercícios consistente, frequente e de acordo com os objetivos pessoais.

- <u>Higiene do sono</u>

Um sono de qualidade é crucial para consolidar memórias, processar informações e reparar o corpo. Tão importante quanto a qualidade do sono é a rotina que o antecede. Estratégias como manter um horário consistente para dormir e acordar, garantir um ambiente de sono confortável, escuro e silencioso, desenvolver uma rotina relaxante antes de dormir, como ler um livro, tomar um banho quente, oleação corporal, praticar meditação ou orar ajudam a sinalizar ao corpo que é hora de descansar e a regular o relógio biológico.

- <u>Alimentação</u>

Uma alimentação equilibrada, variada e adequada fornece os nutrientes necessários para sustentar a energia, apoiar o sistema imunológico e promover a saúde geral. Tudo o que ingerimos terá um impacto nas nossas células, seja ele negativo ou positivo, e consequentemente no nosso corpo físico. Por meio de escolhas individualizadas dos alimentos mais adequados aos objetivos de cada um, é possível assegurar uma maior saúde física que nos conduzirá a estados de performance ideais.

"E disse Deus: Eis que vos tenho dado todas as ervas que dão semente, e que estão sobre a face de toda a terra, e toda árvore, em que há fruto de árvore que dá semente, ser-vos-ão para mantimento." (Gênesis 1:29)

Nutrição mental

A saúde mental é crucial para uma performance diária de elite. Nutrir a mente envolve práticas que promovem a clareza mental, a resiliência, a concentração e a gestão do stress para melhorar significativamente a nossa eficiência e a criatividade.

- <u>*Mindfulness*, meditação e oração</u>

Estas práticas ajudam a melhorar a concentração, a clareza mental, o foco no presente e a reduzir o stress. A sua prática regular pode reduzir quadros de ansiedade e depressão, aumentar a capacidade de gestão de conflitos internos e externos, e aprimora o autoconhecimento.

- <u>Leitura e aprendizagem contínua</u>

Manter a mente ativa e curiosa, aprendendo novas habilidades e conhecimentos, ajuda a melhorar a capacidade cognitiva, o poder de decisão e a adaptabilidade.

- Visualização

A técnica de visualizar o sucesso e a execução perfeita de habilidades específicas prepara o cérebro para concretizar essas ações na realidade. Todo o pensamento é uma ordem ao inconsciente, o qual fará de tudo para a cumprir com êxito.

"Tu conservarás em paz aquele cuja mente está firme em ti; porque ele confia em ti." (Isaías 26:3)

Nutrição emocional

O equilíbrio emocional é um componente essencial para atingir uma performance de elite. Gerir emoções de forma eficaz melhora os relacionamentos interpessoais, a assertividade no poder de decisão e o bem-estar geral. A nutrição emocional envolve estratégias para gerir essas emoções de maneira saudável.

- Ambiente de apoio

Manter e cultivar relacionamentos positivos e uma rede de suporte sólida, incluindo família, amigos, colegas, é crucial para proporcionar um ambiente e uma mentalidade de coragem e motivação, assim como proporcionar estabilidade emocional e uma sensação de pertencimento, necessárias a qualquer ser humano.

- Expressão emocional

Ter meios para expressar e lidar com as emoções, seja por meio da escrita, arte, terapia ou simplesmente conversar com alguém de confiança, ajuda a manter e a fortalecer a estabilidade emocional.

- Autocompaixão

Praticar a autocompaixão, especialmente após contratempos, promove a resiliência emocional, a motivação e ajuda a prevenir o esgotamento emocional.

"Não andeis ansiosos de coisa alguma; antes, em tudo, sejam os vossos pedidos conhecidos diante de Deus pela oração e súplica com ações de graças; e a paz de Deus, que excede todo o entendimento, guardará os vossos corações e as vossas mentes em Cristo Jesus." (Filipenses 4:6-7)

Nutrição espiritual

A dimensão espiritual, frequentemente subestimada, pode fornecer uma fonte profunda de propósito, força e motivação. Nutrir o espírito envolve encontrar um significado na vida e uma conexão com algo maior do que o próprio eu.

- Propósito e valores

Definir um propósito claro e alinhar os valores pessoais com as ações diárias proporciona uma motivação intrínseca poderosa e uma sensação de realização. Isso ajuda a continuar após desaires e a persistir face a adversidades.

- Conexão com a natureza

Passar tempo na natureza pode revitalizar o espírito e conduzir a uma sensação de paz e renovação. Atividades como caminhar à beira-mar ou no campo, ioga ou meditação ao ar livre são extremamente benéficas.

- Práticas espirituais

Incorporar práticas como meditação, oração, ou atividades que ressoem com as crenças pessoais pode construir e fortalecer uma base espiritual e sustentar a performance em todas as áreas da vida.

"Mas ele, respondendo, disse: Está escrito: Nem só de pão viverá o homem, mas de toda palavra que sai da boca de Deus." (Mateus 4:4)

Integrando os quatro pilares

Para alcançar a performance de elite no dia a dia, é fundamental que a nutrição física, a mental, a emocional e a espiritual sejam vistas como componentes interconectados de um todo maior. Um desequilíbrio em qualquer uma dessas áreas pode comprometer o desempenho global.

- Rotinas diárias balanceadas

Estabelecer rotinas que integrem práticas de nutrição física, mental, emocional e espiritual é fundamental. Isso pode incluir refeições equilibradas, sessões de meditação, tempo de qualidade com pessoas do ciclo de confiança e momentos de reflexão pessoal.

- Apoio profissional

Procurar orientação de nutricionistas, psicólogos, terapeutas e mentores especializados pode ajudar a criar um plano integrado e personalizado para maximizar a performance individual.

- Autoavaliação e ajustes

É benéfico avaliar regularmente o bem-estar em todas as áreas e fazer ajustes conforme necessário. A flexibilidade e a disposição para adaptar-se são chaves para sustentar a performance de elite ao longo do tempo.

O quarteto da felicidade

Este é um tema *"must have"* quando abordamos a nutrição integrativa na performance.

O termo refere-se a quatro neurotransmissores que desempenham papéis cruciais no organismo humano e a sua relação com a performance diária é profunda e multifacetada, pois influencia diretamente vários aspetos, incluindo a regulação do humor, bem-estar, felicidade, produtividade, capacidade de concentração, energia física e mental, qualidade das interações sociais, e a sua produção pode ser estimulada por meio de práticas saudáveis.

- Dopamina — “neurotransmissor da recompensa””:
  - realizar exercícios físicos, *hobbies* e atividades de interesse pessoal;
  - estabelecer e alcançar pequenas metas diárias;
  - ingerir alimentos ricos em tirosina (exemplos: amêndoas, bananas, abacates etc.).
- Serotonina — “neurotransmissor da felicidade”:
  - exposição ao sol;
  - exercício físico regular e atividades relaxantes;
  - ingerir alimentos ricos em triptofano (exemplos: nozes, sementes, grãos, ovos, peixes etc.).
- Endorfinas — “analgésicos naturais”:
  - exercício físico intenso (exemplo: corrida, natação, ciclismo etc.);
  - rir;
  - ingerir alimentos picantes e ricos em capsaicina (exemplos: pimenta cayenne, jalapeños, chili etc.).
- Oxitocina — “hormona do amor”:
  - contacto físico como abraços, beijos e toques com gentileza;
  - passar tempo com amigos e familiares;
  - realizar atos de bondade.

Conclusão

A performance de elite é alcançada por meio do cultivo diário de um equilíbrio harmonioso entre corpo, mente, emoções e espírito. Ao adotar uma abordagem com ênfase na nutrição integrativa, qualquer pessoa pode desbloquear o seu verdadeiro potencial e alcançar novos patamares de excelência. Realço que a performance de elite não necessita de ser procurada, mas sim nutrida, pois a mesma já é intrínseca a cada um de nós. Como tens nutrido a tua?

“Amado, desejo que te vá bem em todas as coisas, e que tenhas saúde, assim como bem vai a tua alma.” (3 João 1:20)

“É no caminho individual que atingiremos no coletivo o expoente máximo de saúde e performance física, mental, emocional e espiritual.”

Iara de Castro Pimenta

JULIO NASCIMENTO

Caros Leitores, eu sou o Julio Nascimento. Esposo da Ludmyla Nascimento, pai orgulhoso dos gêmeos Guilherme e Bernardo. Formado em Engenharia, com MBA em Gestão de Projetos, palestrante, seminarista em Teologia e ministro do grupo de empreendedores da Igreja Batista Atitude, no Porto/Portugal.

Sócio-proprietário em duas empresas no ramo da metalomecânica, construção e reabilitação civil, com uma das empresas que mais cresce no norte de Portugal, a Silva & Nascimento Construções Ltda., onde somos especialistas em solucionar problemas e tornar sonhos em realidade.

Cristão, extremamente feliz e realizado. Sinto-me honrado em ajudar pessoas e, de alguma forma, acrescentar algo bom na vida de outros.

eng_julionascimento

julio.nascimentopr@gmail.com

9

O EQUILÍBRIO NA VIDA PESSOAL E PROFISSIONAL PARA UMA PERFORMANCE DE ELITE

Por Julio Nascimento

Como todo grande projeto, construção ou objetivo, é preciso fundamentá-lo em bases sólidas para que haja um equilíbrio. Estar em equilíbrio na vida pessoal e profissional certamente te proporciona maior capacidade de sucesso em tudo o que te propões a executar.

Costumo utilizar uma analogia bem simples para ilustrar a importância do equilíbrio. Se observarmos qualquer construção, podemos perceber que, para que ela seja tão forte, alta ou grande, esta foi construída com bases sólidas, firmes e extremamente fortes. Com absoluta certeza, existem apoios (pilares) que estabilizam e sustentam o equilíbrio estrutural de toda esta construção.

Com base neste contexto, podemos usar esta analogia para as nossas vidas, partindo do ponto que, para atingirmos uma grande capacidade de equilíbrio e solidez, é necessário adquirirmos pilares firmes e fortes.

Estes pilares são: fé, família e trabalho. Durante esta leitura, vamos desenvolver, em três subtemas, cada um destes pilares, suas funções e que, quando em equilíbrio, produzem o ambiente favorável para o sucesso total, que nós denominamos "performance de elite".

O pilar da fé

É importante perceber que não estamos neste mundo por um mero acaso, independentemente do mérito "religião". Há uma certeza da existência de Deus, a quem também chamamos carinhosamente de "pai". Mas, o que é a fé? Ela pode ser explicada de várias maneiras, principalmente quando sentimos ou vivenciamos algo que só pode ser movido ou acontecer em razão dela. Em meu entendimento, de forma resumida, a fé é o ato de acreditar, confiar ou crer em algo ou alguém que não se vê. Na ótica cristã, a fé é o ponto de partida de uma caminhada íntima com Deus.

Existem pessoas que não acreditam na existência de Deus e, ainda sim, fazem uso do atributo da fé. Porém, utilizando codinomes ou sinônimos, do tipo: "o universo conspira ao meu favor", "quando vibramos na frequência positiva" ou a "lei da atração". Na minha opinião, são títulos atribuídos ao mais genuíno estado de fé. Não quero dizer que as vibrações, frequências ou a própria lei da atração não existam. Pelo contrário, quando o foco e a determinação encontram este caminho, as coisas tendem a convergir positivamente neste objetivo. Porém, continuo atribuindo este fato a uma condição de fé.

Como um bom cristão, tenho submetido a minha fé em Deus Pai, Filho e Espírito Santo. Tudo que eu tenho consagrado, mentalizado, planejado e pedido com muita fé a Deus, recebo, desde que seja da vontade dEle. Como na oração do Pai nosso, "seja feita a vossa vontade, assim na terra como no céu" (Mt. 6:10), podemos avaliar que a vontade soberana de Deus em nossas vidas, projetos, família e tudo o que, com fé, pedimos aos céus, na terra nos será atribuído. A Bíblia Sagrada diz que devemos experimentar e comprovar a boa, perfeita e agradável vontade de Deus (Rm. 12:2).

Pessoalmente, posso garantir aos leitores que, após aprender a exercer com qualidade o pilar da fé, minha vida mudou de forma incrível.

Sugiro aos nossos caros leitores que a pratiquem, façam uso desmedido da fé em Jesus Cristo. Entreguem seus sonhos, projetos, desejos, metas e objetivos. Busquem um momento de concentração e conexão a sós com Deus, abram seus corações. Experienciem a fé de uma maneira única, sejam detalhistas. Sugiro, também, um exercício que funciona muito bem comigo: vamos supor que você tenha o sonho de comprar um imóvel, mas não reúne os recursos suficientes. Se imagine dentro desta sua casa dos sonhos, caminhe por todos os cômodos desta casa, mentalize todos os ambientes e detalhes. Decore a sua nova casa, escolha desde o sofá ao aparador de toalhas da casa de banho (banheiro). Faça isso sempre a sós, de forma concentrada e sem interferências. Só você, sua fé e Deus. Converse com Ele sobre as melhores estratégias financeiras para esta compra e como alcançar este objetivo. Tempos depois, seu sonho se tornará realidade.

Por último, "consagre ao Senhor Deus tudo o que faz e seus planos serão bem-sucedidos." (Pv. 16:3)

O pilar da família

O que chamamos de "lar" ou "casa" é onde abrigamos aqueles que tanto amamos, as nossas famílias. Este mesmo lar deve ser para nós como um porto seguro, um ambiente de amor, paz e felicidade. Como será possível performar em alta qualidade sem que este pilar da família esteja em total equilíbrio? O amor da família é a matéria-prima ideal, o ingrediente perfeito para o fortalecimento deste pilar.

Vamos imaginar um cenário em que alguém, que saia de casa todas as manhãs, se dedique durante todo o dia para desenvolver seu trabalho com excelência. Ao fim desse dia, vai para uma formação (curso), a fim de se especializar em algo que o faça atingir uma melhor condição intelectual ou profissional. Após longo dia, chega a sua casa e não encontra um bom ambiente. Mal cumprimenta seu cônjuge, não tem se quer um beijo de boas-vindas. Seus filhos não o recebem com um abraço. Neste tipo de ambiente, como é possível acreditar que os pilares estejam alinhados?

Agora, vamos inverter as condições deste cenário: após um dia desafiador de trabalho, ao chegar em casa, encontramos: um(a) esposo(a) atencioso(a) e amoroso(a), a recebê-lo(a) com um belo beijo. Seus filhos o recebem com um beijo e um forte abraço. Neste cenário, por mais que seu dia tenha sido cansativo, este santo lar te revigora, dá forças para fazer diferente, mais e melhor, para ultrapassar qualquer barreira. Esse é o bem que faz a família. Se as coisas não estiverem caminhando bem neste pilar, exerça o perdão para alguém que te feriu ou magoou. Se existe alguém na sua família ou algum amigo que precise ser perdoado, perdoe.

O perdão tem o poder de libertar você do peso da culpa, seja ela uma culpa sua ou não. Enquanto não estivermos preparados para perdoar, não estaremos prontos para atingir o próximo nível. Onde existe ressentimentos, não há espaço para evolução. O sentido da palavra perdão vem da perda. Perder, retirar, deixar de reter sentimentos ruins, afinal, o rancor é um fardo muito pesado.

Jesus nos ensinou: "perdoe as nossas ofensas, assim como nós perdoamos a quem nos tem ofendido" (Mt 6:12). Sob essa análise, só podemos pedir ou receber o perdão quando aprendemos também a perdoar. Ódio, mágoas e culpas são como âncoras pesadas que nos impedem de avançar.

Uma família que se ama fortalece o seu lar. A família com bases sólidas de amor e respeito tem a força necessária para manter este pilar equilibrado, na busca pela performance de elite.

O pilar do trabalho

Nesse pilar é onde produzimos os recursos econômicos e financeiros para o equilíbrio. Para atingir esta constância, é extremamente necessário performar em alta rotação, ou seja, ter uma performance de elite.

Fortalecer este pilar exige muito de cada um de nós. Esforço, dedicação, trabalho diligente e detalhismo são alguns dos ingredientes necessários para esta fórmula mágica. Sabemos que o talento não é nada sem força de vontade e determinação. Como o dito popular nos ensina, "só existe um lugar onde o sucesso está a frente do trabalho, é no dicionário". Logo, para alcançar a performance desejada neste pilar, algumas atitudes são imprescindíveis:

- Disciplina: este primeiro grande desafio é extremamente importante. Quando executado, pode se tornar um estilo de vida. A disciplina financeira te proporciona uma avaliação do que é realmente necessário comprar ou adquirir, do que é desnecessário e um prazer meramente momentâneo. Sob esta visão, a decisão deve ser entre fazer ou não, ter ou não, comprar ou não. Sem disciplina, tudo é volátil e muito superficial, enquanto que ela traz consigo a solidez e a estabilidade. A renúncia, aqui sugerida, te afasta do imediatismo desnecessário, o que fará toda a diferença na tua estabilidade financeira futura. "Viver ou gastar, como se não houvesse amanhã" irá submeter o teu futuro à insegurança e fragilidade.
- Foco: é o ajuste de rota na certeza do caminho a seguir, aliado a um objetivo claro a ser alcançado. O foco fomenta a determinação e a autoconduta, garante que nenhuma interferência externa te desviará da meta planejada. A falta de foco é facilmente identificada, afinal quem de nós não conhece alguém que começa tudo e não termina nada?
- Projeto a longo prazo: a condição de plantar hoje para colher no futuro te parece ruim? É importante observar que nada ou nenhum projeto de grande porte se constrói ou acontece da noite para o dia. Sem o longo prazo, será necessário se adaptar a pequenos resultados, baixas expectativas e, talvez, sucumbir à desistência. Todo projeto, grande objetivo ou plano de negócios tem, obrigatoriamente, seu período de maturação e adaptação.
- Constância: é uma característica importante em todo o processo. Ela auxilia o foco, fortalece a disciplina e, principalmente, mantém o ritmo inabalável rumo ao objetivo. Sem a constância necessária, seus conhecimentos ou capacidades técnicas não serão frequentes a ponto

de se tornarem um hábito. Sê constante, determina um ritmo e caminha a passos firmes rumo ao teu objetivo.

- Conhecimento: nada caminhará em equilíbrio sem conhecimento. Este é um dos principais fatores que determinarão o sucesso duradouro de qualquer projeto ou objetivo. O saber é intocável. Só quem conhece o que se propôs a executar percebe os desafios, dificuldades e tem a capacidade de solucionar problemas que virão pelo meio do caminho. A falta do conhecimento te faz caminhar na direção errada, correr em círculos e, o pior, sem ao menos perceber que não está trilhando o caminho correto. Assim sendo, a decisão mais sábia é se preparar, estudar, dedicar tempo, o máximo possível, de conhecimento. E, principalmente, nunca deixes de investir em conhecimento.

Espero muito em breve receber *feedbacks* positivos dos nossos leitores que, após aplicarem estas orientações, atingirão seus objetivos, assim como eu um dia atingi. Se algo escrito neste capítulo, mesmo que seja uma frase, ajudar a melhorar a vida de alguém, todo o esforço terá valido a pena.

"Seja forte e corajoso! Não tema, nem desanime, pois o Senhor, o seu Deus, estará com você por onde andar." (Josué 1:9)

> “Uma estrutura forte precisa de pilares sólidos e em equilíbrio. Somente assim será possível atingir a alta performance.”
>
> Julio Nascimento

JUSSARA GOMES

Sou Jussara Gomes, uma apaixonada por aventuras e autodesenvolvimento. Nasci em Sorocaba/SP/Brasil e, atualmente, vivo em Marbella/Espanha, ao lado do meu noivo, Gediminas. Criada com amor pelos meus queridos avós Neide e Edison Gomes e guiada pela fé em Deus.

Minha trajetória é uma jornada emocionante, que me levou de cabeleireira à gestora de tráfego. Sou produtora de infoprodutos, especialista em marketing digital, com formação em Madrid. Mais do que uma empreendedora, sou uma buscadora incansável do autodesenvolvimento, e minha paixão por viagens levou-me a explorar o mundo, vivendo em lugares como Irlanda e visitando 19 países.

Descobri meu propósito em ajudar pessoas mostrando como é possível mudar todas as áreas da vida, assim como transformei a minha por meio da mudança de mentalidade.

jussaragomesoficial

10

MUDANÇA DE MENTALIDADE

Por Jussara Gomes

Apresento a você, caro leitor, minha jornada de transformação pessoal, com uma trajetória marcada por desafios. Compartilho um pouco da minha história de superação e crescimento, em que revelo que a mudança de mentalidade foi crucial para alcançar o sucesso em todas as áreas da minha vida. Meu propósito é claro: ajudar pessoas a transformarem suas vidas, assim como eu transformei a minha.

Primeiramente, o propósito de vida, para mim, é a bússola que nos guia em nossa jornada, o combustível que alimenta nossas paixões e o significado que dá sentido à nossa existência. É mais do que apenas uma meta ou objetivo, é a profunda compreensão do que nos motiva, do que nos faz sentir vivos e realizados. Encontrar nosso propósito de vida requer autoconhecimento, reflexão e conexão com nossos valores mais profundos. É descobrir onde nossos talentos e paixões se encontram com as necessidades do mundo e como podemos contribuir de maneira significativa para o bem maior. Quando vivemos alinhados com nosso propósito, experimentamos uma sensação de plenitude, realização e harmonia interior. É a chave para uma vida com significado e impacto duradouro. Prepare-se para se inspirar e ser motivado a alcançar seu potencial. A minha jornada está pronta para guiá-lo rumo a uma vida de sucesso e realização.

Criada por meus avós, em uma infância conturbada e carente de orientação, eu enfrentei uma vida desafiadora, inicialmente, sem perspectiva de sucesso. Apesar das dificuldades e da barreira colocada pelas crenças, eu sempre senti que eu tinha um propósito maior na vida, embora não soubesse exatamente o que significava a palavra propósito. Eu sabia que não estava nesse mundo à toa, que vim fazer a diferença. Por várias vezes, ouvi as pessoas falarem para mim que eu era diferente, mas ninguém sabia explicar o porquê e muito menos eu. Com uma mentalidade escassa, ignorante, porque não gostava de estudar, eu estava sempre buscando viver a vida. Estava perdida na escuridão, em um mundo vazio, conturbado, sem estimativa de nada, perdendo a noção de quem eu era. Mas algo lá dentro de mim gritava e eu não conseguia escutar. A única coisa que eu sabia era que eu precisava mudar algo, mas não tinha ideia do que era. Eu estava presa em um ciclo de autossabotagem, incapaz de perceber o potencial latente dentro de mim. A inércia era minha companheira constante.

Foi então que, a partir da leitura de alguns livros, abri a minha mente para a possibilidade de transformação e comecei a enxergar o potencial que havia dentro de mim mesma. Eu percebi que estava sendo manipulada por minhas próprias circunstâncias e que eu tinha o poder de mudar minha realidade. Com determinação e foco eu fui à luta e sou um exemplo vivo de como uma mudança de mentalidade pode levar você, que está lendo este livro, ao sucesso em todas as áreas da vida, mas é claro que você precisa querer.

A mudança de mentalidade é um processo multifacetado, que se inicia com o autoconhecimento e a conexão com nossa essência espiritual. A prática da meditação e da oração fortaleceu o vínculo com meu interior, aumentando a minha fé, ampliando minha visão de saber quem eu sou, de onde vim e o porquê de estar aqui. Isso não tem a ver com religião, mas sim com descobrir sua verdadeira identidade. Além disso, a escolha consciente de nosso círculo social é crucial. Ao nos cercarmos de indivíduos que nos inspiram e apoiam, elevamos nossos padrões e aspirações, impulsionando-nos na busca por nossos objetivos.

A iniciativa e a determinação foram fundamentais para transformar minha visão em realidade. Percebi que fazer o básico não era suficiente; era necessário abandonar a zona de conforto, entregar o meu melhor, ser inovadora e buscar constantemente a excelência em tudo que eu fazia. Porém, ao adotar uma mentalidade de crescimento e transformação, abriu-se um vasto horizonte de possibilidades. A jornada não foi fácil; exigiu sacrifícios, estudo árduo e, por vezes, o afastamento de pessoas, lugares e familiares. Todavia, cada desafio enfrentado foi uma oportunidade de evolução, moldando-me em uma versão aprimorada de mim mesma.

Por meio do autoconhecimento, descobri quem eu realmente sou e o que sou capaz de conquistar. Aprendi a escolher meu círculo social com sabedoria, cercando-me de pessoas que estão aonde eu quero chegar. Dar o primeiro passo foi fundamental. Com determinação e persistência, transformei minha visão em realidade. Adotei hábitos saudáveis, tanto físicos quanto mentais, e aprendi a valorizar o poder do agradecimento e da mentalização.

Ao cultivar hábitos diários e saudáveis, alimentamos não apenas nosso corpo, como também nossa mente e espírito. O poder do agradecimento e da mentalização nos conecta com o universo, transformando nossos sonhos em realidade. Diante dos obstáculos inevitáveis, a resiliência e persistência são nossas aliadas. Definir um propósito claro e alinhar nossas ações a ele nos orienta na jornada, tornando o caminho mais claro e gratificante.

Hoje, sou empreendedora, escritora, especialista comportamental, capaz de falar três idiomas, tenho uma agência de viagens, desenvolvo um projeto lindo aqui na Espanha. Minha performance de elite em tudo que me proponho é resultado direto da mudança de mentalidade que abracei.

Você já parou para refletir sobre o impacto que está deixando neste mundo? Muitas pessoas passam pela vida sem realmente fazer a diferença, vivendo apenas por viver, sem ajudar ou contribuir para um mundo melhor. Mas, e se eu te disser que você tem o poder de mudar isso? Cada gesto de bondade, cada ato de generosidade, cada palavra de encorajamento pode fazer uma diferença significativa na vida de alguém. Não permita que sua passagem por este mundo seja apenas uma existência vazia. Seja a luz que ilumina o caminho dos outros, a mão que estende ajuda e o coração que espalha amor e compaixão. Juntos, podemos criar um mundo mais gentil, solidário e empático. Faça a diferença. Deixe seu legado. Se eu consegui, você também pode. Basta dar o primeiro passo e começar a trilhar o caminho da mudança, e o melhor de tudo é que quero compartilhar tudo isso com você.

Minha história é um convite para que você também se lance nessa jornada de transformação. Como eu disse, se eu consegui, você também pode. Basta dar o primeiro passo e começar a trilhar o caminho da mudança. A seguir, deixo um passo a passo para se descobrir e seguir nessa jornada.

- Autoconhecimento profundo
  - Dedique tempo para se conhecer verdadeiramente. Reflita sobre suas paixões, valores, talentos e experiências significativas em sua vida.

  - Faça perguntas profundas a si mesmo, como: "O que me traz alegria?", "O que me motiva?", "Qual legado eu quero deixar para o mundo?".

- Identificação de padrões e tendências

  - Analise os padrões em sua vida, como atividades que você sempre volta a fazer ou situações em que se destaca naturalmente.
  - Observe as tendências em seus interesses e aspirações ao longo do tempo. Isso pode revelar pistas importantes sobre seu propósito.

- Exploração ativa

  - Experimente diferentes áreas de interesse e oportunidades. Esteja aberto a novas experiências e desafios que possam ampliar sua perspectiva. Busque *feedback* de pessoas próximas e mentores sobre suas habilidades e pontos fortes.

- Alinhamento com valores e missão

  - Reflita sobre seus valores fundamentais e como eles se alinham com seus objetivos de vida.
  - Pergunte-se como você pode contribuir para o mundo de uma maneira que esteja alinhada com sua missão pessoal e valores.

- Ação direcionada

  - Tome medidas concretas para perseguir seu propósito. Defina metas claras e desenvolva um plano de ação realista para alcançá-las.
  - Esteja preparado para enfrentar desafios ao longo do caminho e ajustar seu curso conforme necessário.

- Persistência e flexibilidade

  - Mantenha-se comprometido com seu propósito, mesmo diante de obstáculos e contratempos.
  - Esteja aberto a ajustar sua abordagem conforme aprende e cresce ao longo do tempo.

- Cultivo da gratidão e resiliência

  - Pratique a gratidão diariamente, reconhecendo as bênçãos em sua vida e os progressos que você alcançou em direção ao seu propósito.

- Desenvolva resiliência emocional para lidar com os altos e baixos da jornada, lembrando-se sempre do significado e do impacto positivo de seguir seu propósito.

Seguindo este passo a passo, espero que você possa descobrir e seguir seu propósito de vida com mais clareza, confiança e determinação. Estou aqui para ajudar sempre que precisar.

Lembre-se: você é capaz de realizar tudo o que deseja. Basta ativar seu potencial e fazer acontecer. Ao adotar uma mentalidade de crescimento e persistência, você pode alcançar seus sonhos mais audaciosos e viver uma vida plena e realizada. Por isso, estou aqui, para despertar em você essa vontade de transformar sua vida, porque esse sim é o meu propósito, ajudar pessoas como eu a transformarem suas performances.

Quer se inspirar, aprender e crescermos juntos? Então, siga-me no Instagram. Lá, compartilho histórias, *insights* e dicas para nos tornarmos a melhor versão de nós mesmos. Juntos, podemos enfrentar desafios, celebrar conquistas e construir uma comunidade de apoio e crescimento mútuo. Vamos fazer parte dessa jornada incrível juntos, porque juntos somos mais fortes!

- Autocuidado integral: nutrindo corpo, mente e alma

Cuidar de si mesmo é mais do que apenas uma questão de aparência externa – é um ato de amor-próprio e autenticidade. Alimentar-se bem e de forma saudável, praticar exercícios físicos diários e cuidar da aparência, vestimentas e higiene são partes essenciais desse processo. No entanto, o autocuidado vai além do superficial, é também sobre cultivar uma conexão profunda com nosso interior.

Meditação, oração, jejum são práticas que nos permitem acessar nossa essência, encontrar clareza mental e fortalecer nossa espiritualidade. Além disso, dedicar um tempo para ler diariamente nutre nossa mente e alma, expandindo nossos horizontes, proporcionando *insights* e estimulando nosso crescimento pessoal. Portanto, ao integrar esses hábitos em nossa rotina diária, estamos investindo no nosso bem-estar integral, tornando-nos mais equilibrados, resilientes e capacitados para enfrentar os desafios da vida com serenidade e gratidão.

“Transforme suas dificuldades em degraus para o sucesso, pois os ganhos crescem à medida que a mentalidade cresce.”

Jussara Gomes

LUÍS MIGUEL GOUVEIA

Sou o Luís Miguel Gouveia e tenho 28 anos. Sou casado, nascido e criado na Ericeira e atualmente vivo no Luxemburgo. Mas, antes de mais, posso apresentar-me como uma pessoa completamente apaixonada pela vida, divertida, leve, otimista e que acredita que, quando fazemos as coisas com amor, no fim tudo dá certo.

Sou especialista comportamental, escritor, mentor e treinador do Idec em Portugal. Nos últimos tempos, especializei-me na trilogia **identidade**, **propósito** e **legado**. O meu foco está em ajudar pessoas a descobrirem quem são realmente, qual é o propósito das suas vidas e como podem deixar um legado duradouro. Acredito verdadeiramente no poder transformador de compreender e alinhar a nossa identidade com o nosso propósito, deixando um impacto positivo no mundo ao nosso redor.

luismgouveiaoficial

11

COMO CONSTRUIR UM LEGADO DURADOURO

Por Luís Miguel Gouveia

Todos nascemos para deixar a nossa marca no mundo. A marca da nossa existência e da nossa imortalidade. Como sou apaixonado em fazer perguntas, começo por aí...

Qual é a marca que queres deixar no mundo?

Como queres ser lembrado?

Assim como há construções que resistiram ao tempo, podemos deixar para a eternidade a nossa marca no mundo. Se soubesses com certeza que só irias ter mais um ano de vida, como passarias este ano? E uma coisa é sabida por todos: o legado que estamos a construir hoje não ficará para nós, mas para as gerações que virão depois.

Ao longo da nossa história houve homens e mulheres que nos marcaram e deixaram o seu legado. Jesus Cristo é uma figura histórica que deixou um legado duradouro. A sua vida, ensinamentos e exemplo continuam a inspirar milhões de pessoas em todo o mundo até os dias de hoje. A sua mensagem de amor, compaixão, perdão e justiça social ressoa através dos séculos e transcende fronteiras culturais e religiosas.

Jesus é reconhecido por muitos como um mestre espiritual, um líder moral e um símbolo de esperança e redenção. O seu impacto na história e na humanidade é verdadeiramente incomparável.

Harriet Tubman, uma líder abolicionista, ajudou a libertar dezenas de escravos usando a rede clandestina conhecida como *Underground Railroad*.

Nelson Mandela foi líder anti-apartheid e ex-presidente da África do Sul, símbolo global de resistência e reconciliação.

Mahatma Gandhi, líder indiano, advogou pela independência da Índia do domínio britânico por meio de métodos não violentos de resistência.

Martin Luther King Jr., defensor dos direitos civis nos Estados Unidos, lutou pela igualdade racial por meio de protestos pacíficos e discursos inspiradores.

Steve Jobs, co-fundador da Apple Inc., foi responsável por revolucionar a indústria de tecnologia com produtos inovadores como o iPhone e o iPad.

Malala Yousafzai, uma defensora paquistanesa dos direitos das mulheres e da educação, sobreviveu a um ataque do Talibã por falar sobre a importância da educação para as meninas.

Aung San Suu Kyi, líder política de Mianmar e defensora dos direitos humanos, ganhou o Prémio Nobel da Paz pela sua luta não violenta pela democracia.

Todos eles deixaram uma memória, uma história, um legado. E uma coisa que podemos já começar a trabalhar é que legado também é uma questão de planeamento. É preciso fazer da construção do nosso legado algo prático, palpável, realizável para transformar os nossos sonhos e desejos em ações concretas.

Aceitas começar a construir o teu legado em sete passos?

O **primeiro passo** a ser dado é entender por que estás a deixar um legado e o que isto significa pessoalmente para ti. A definição do teu legado é o lugar onde desejas estar no final da vida. É o lugar onde todos os teus sonhos se tornam realidade.

As respostas às próximas perguntas vão ajudar-te a compreender qual é o teu legado e a planear como vais impactar a vida de outras pessoas.

O que é importante para ti?

Quais são os teus valores e crenças (verdades)?

Como esperas que a tua vida tenha impacto sobre os outros?

Se tivesses de fazer algo para melhorar o mundo, qual seria a tua contribuição?

No **segundo passo**, vou desafiar-te a criares uma visão. Imagina que estás a ser entrevistado no final da vida. Um repórter quer compartilhar a tua história com o mundo.

Por que fizeste coisas incríveis e te tornaste uma pessoa incrível?

Aqui, permite-te a sonhar grande. Imagina como seria a tua vida ideal, onde trabalharias, que tipo de trabalho farias, o valor que ganharias, os teus relacionamentos com amigos e familiares. Pensa nas coisas que desejas melhorar na tua vida, incluindo as mais diferentes áreas, como financeira, carreira, saúde, família. Pensa nas fraquezas que desejas superar, habilidades que desejas adquirir.

Agora, no **terceiro passo**, começa a fazer uma autoavaliação. Para realizares uma avaliação da tua vida completa, precisas ser o mais honesto contigo mesmo e com o que desejas. Pensa nos papéis que desempenhas, na satisfação nas diferentes áreas da tua vida, nos teus vários pontos fortes e fracos.

Lembra-te que todos desempenhamos papéis diferentes na vida. Faz uma lista de todas estas funções e identifica onde estão os teus pontos fortes e fracos para que decidas onde concentrar a tua energia.

Onde e como as tuas maiores habilidades são aplicadas?

O que elas dizem sobre ti como pessoa?

O que tu atrais?

O que vês nas redes sociais que realmente te afeta?

O **quarto passo** é o momento certo para determinares quais são as tuas prioridades. Agora que identificaste os papéis que desempenhas na vida, as áreas que desejas melhorar e os teus pontos fortes e fracos, podes descobrir o que é mais importante e determinar as tuas prioridades. Revê a tua lista de funções e ordena de acordo com o que consideras mais importante na tua vida.

Priorizares as tuas funções e as áreas em que desejas concentrar-te vai ajudar-te a identificares os teus valores e fatores inegociáveis.

E por falar em valores, no **quinto passo** vais ter a tarefa de identificar os teus valores. Comparar o teu estado atual com o teu estado desejado vai ajudar-te a identificares os teus valores essenciais. E a planear a pessoa que imaginas ser, viverás de acordo com esses valores. É importante saberes que quando identificas os teus valores e o que é verdadeiramente importante na tua vida, eles tornam-se o referencial para cada decisão.

No **sexto passo**, o objetivo é estabelecer metas. Agora que tens uma ideia sobre a vida que desejas e o que é importante, estabelece metas de alto nível para a pessoa que desejas ser.

No **sétimo e último passo**, a proposta é simples. Cria um plano de ação. Os teus objetivos de alto nível são a pessoa que desejas ser e as coisas que desejas alcançar na vida. Agora precisas fazer o caminho reverso dessas metas para identificares as etapas de ação que te alinham com os teus valores e te movem em frente.

O legado também se constrói com atitudes simples, como:

- quando és verdadeiro e honesto sobre quem tu és;
- quando admites as tuas falhas e és vulnerável;

- quando perdoas e deixas de lado sentimentos negativos, que não acrescentam na tua vida e na vida dos outros;
- quando fazes do teu trabalho, seja ele qual for, uma expressão de inspiração.

Depois disso, pergunto-te:

Até onde estás disposto(a) a ir para deixar o teu legado?

Antes de terminar o meu propósito contigo neste livro, gostaria de trazer-te outro tema imprescindível:

O que tens feito para inspirar as outras pessoas ao teu redor?

Quero partilhar contigo o efeito da influência positiva. Já ouviste falar? E quando falo em influência positiva, falo do impacto que causas noutra pessoa (e em ti mesmo) ao apontares os teus pontos fortes e virtudes. É como tu és, o que fazes e o poder que tens sobre as outras pessoas para valorizar o que há de melhor dentro delas. A influência positiva é aquela que proporciona participação e experiência otimista, afirmativa e construtiva. E podemos dizer que a influência positiva está diretamente relacionada com a Psicologia Positiva.

A Psicologia Positiva é o estudo científico dos pontos fortes e das virtudes que permitem que indivíduos e comunidades prosperem. É baseada na crença de que as pessoas desejam levar uma vida significativa, cultivar o que há de melhor em si mesmas e aumentar as suas experiências de amor, trabalho e lazer.

Vamos para a prática?

Podes começar por mostrar-lhes como elas podem usar uma força específica para desenvolver uma fraqueza. Ajudá-las a ver e compreender o que elas têm a oferecer e como podem fazer a diferença.

Depois, estimula-as a agirem. Faz com que percebam que algo está a faltar. Isso vai fazer com que elas se movimentem e passem a procurar aquilo que falta para serem mais felizes.

Agora é hora de as motivar pelo propósito. Inspira-as para o desejo de se envolverem nas suas paixões. Mostra-lhes a confiança e incentiva-as a usarem os seus talentos, habilidades e competências para descobrir e cumprir o seu propósito.

E uma coisa é certa: precisas ser congruente. Para que as pessoas sejam influenciadas a seguir-te, elas devem sentir-se seguras. Um comportamento congruente cria esse sentimento de segurança e confiança. Elas reparam mais no que tu fazes do que no que tu dizes.

Um dos passos mais importantes é o da conexão. Quando te conectas com as emoções de outras pessoas, além de te tornares mais compreensivo, é mais provável que elas também se conectem e se sintam inspiradas por ti.

Podes até nunca ter prestado atenção, mas uma ótima maneira de inspirar outras pessoas é compartilhar conhecimento com elas. Como diz o velho ditado, "conhecimento é poder". Assim, quando aumentas o conhecimento de alguém, definitivamente estás a dar inspiração e ferramentas para melhorar a sua vida.

Não te esqueças de que, neste processo de influência, a tua identidade, por si só, já exerce uma grande influência sobre as pessoas. Reafirmar essa identidade significa ser e praticar intencionalmente os atributos que queres inspirar nas outras pessoas.

E por esta altura da leitura, talvez possas estar a pensar que não tens o suficiente para influenciar, inspirar outras pessoas, e que não és uma referência em coisa alguma...

Mas será que não tens mesmo?

Olha para a tua história. Reconhece, honra e respeita todo o caminho que te trouxe hoje até aqui! Acredita que todos nós temos e sempre teremos algo para aprender, como também para ensinar! Tu podes, a qualquer momento, ajudar alguém a superar algo que já vivenciaste, a "impedir" que alguém passe pelo que já passaste, ajudar alguém a alcançar algo que já conquistaste, a compartilhar algo útil que aprendeste.

De que maneira podes inspirar alguém hoje?

Se queres felicidade por uma hora, tira uma pausa e faz uma sesta. Se queres felicidade por um dia, vai passear. Se desejas felicidade por um ano, herda uma fortuna. Mas se desejas felicidade para o resto da vida e deixar um legado duradouro, ajuda e inspira alguém.

“

O teu legado é deixado a cada vida que impactaste e tocaste no coração.

”

Luís Miguel Gouveia

MARIA ANA AZEVEDO

Maria Ana Domingues Nunes de Azevedo, nascida em Lisboa a 13 de agosto de 1984, sou jurista de formação e exerço advocacia desde 2010.

Autora de vários artigos jornalísticos e, também, científicos em Direito, conto ainda, com esta obra, com o meu segundo livro em coautoria na área do desenvolvimento pessoal.

Sou ainda empreendedora, mentora, *coach* integral sistémica e terapeuta integrativa, com formação, entre outras, em programação neurolinguística (PNL), espiritualidade quântica, técnicas de libertação emocional e meditação.

Hoje sei que o meu propósito vai muito além das minhas vocações e consiste em ensinar e inspirar todos os que desejam alcançar, mais do que a sua melhor versão, a sua versão mais feliz.

maria_ana_azevedo

Maria Ana Azevedo

12 A IMPORTÂNCIA DO DESCANSO E DAS PAUSAS PARA A ALTA PERFORMANCE

Por Maria Ana Azevedo

Nos dias de hoje, há uma enorme apelo e pressão para a ação; a produção massiva e a exaustão tornaram-se sinónimas de *status*, quase como "se não estivermos exaustos não somos bem-sucedidos"; estarmos sempre ocupados virou o novo normal: uma agenda preenchida, uma cabeça sobrecarregada e a sensação interminável de andarmos sempre atrás das coisas numa corrida infindável contra o tempo tornou-se, lamentavelmente, um lugar-comum para a maioria de nós.

Paralelamente, a dificuldade em parar surge, muitas vezes, associada ao sentimento de culpa — e com ele, de não merecimento — em descansar, pois acreditamos que estamos a desperdiçar o nosso tempo com descanso, que poderia ser canalizado para a produção dos resultados desejados. Acreditar que só seremos amados se alcançarmos resultados extraordinários pode, com efeito, desencadear todo este limitante conjunto de crenças.

Como se não bastasse, o próprio critério de definição de resultados extraordinários é altamente subjetivo e, por isso, variável de pessoa para pessoa: se para uns ter resultados extraordinários pode significar, por exemplo, atingir 3.000 € mensais, para outros poderá ser atingir 5.000 €, 10.000 € e por aí adiante, e, para outros, ainda, poderá passar por obter determinado reconhecimento ou reputação social, determinados cargos profissionais ou graduações académicas ou mesmo um corpo esbelto...

Não quero, naturalmente, com isto desmotivar o leitor a almejar a alta performance em todos os pilares da sua vida, mas tão somente alertar que existem perigos e riscos reais com a obsessão pela alta performance, sendo o *stress* e a exaustão – e com eles, todas as doenças associadas – os mais significativos. A alta performance deverá, pois, ser prosseguida num generoso equilíbrio e harmonia com a nossa natureza e necessidades tridimensionais: corpo, mente e espírito. Sem, evidentemente, prescindirmos da disciplina e da consistência em todo o processo.

São, pois, e em suma, crenças como, "parar é uma fragilidade" ou, o que resulta no mesmo, "os fortes nunca param" e, bem assim, crenças de máximo esforço como "tenho de me esforçar muito para conseguir e merecer resultados", a que acresce toda uma frenética cultura do consumo, do imediatismo e da aparência que conduzem a toda a disfunção que acabámos de referir.

Tanto que, atualmente, 7 em cada 10 pessoas têm problemas de *stress*, exaustão e ansiedade: o número de *burnouts* aumentou de forma alarmante nos últimos 10 anos, afetando camadas cada vez mais jovens da população mundial.

Vários estudos científicos demonstram a importância do descanso e das pausas durante as horas de trabalho, tanto para funcionários, quanto para empresários e empreendedores.

Ficar sentado à frente de um computador por longos períodos ininterruptamente, mantendo as mesmas posturas e fazendo os mesmos movimentos pode causar fadiga extrema e dores musculares.

Infelizmente, muitas empresas ainda encaram as pausas durante o horário de trabalho como preguiça ou falta de responsabilidade dos seus funcionários, mas a verdade é que a privação das pausas tende a afetar o nosso foco, memória, eficiência e produtividade durante o horário de trabalho, sendo, ironicamente, esta a realidade mais evidenciada em ambientes profissionais mais competitivos, onde a produtividade é altamente exigente e stressante.

As pausas vêm, assim, proporcionar relaxamento e redução do *stress*; aumentar a concentração e eficiência; estimular o senso crítico e criatividade; promover a integração entre os funcionários, além de prevenir inúmeras doenças resultantes do *stress*.

Em síntese, as pausas garantem que a nossa mente esteja relaxada e revigorada, deixando-nos mais motivados e produtivos para retornar à jornada de trabalho, trazendo consigo avultados benefícios económicos e sociais para a empresa, bem como benefícios ao nível da nossa saúde, contribuindo, desse modo, para a qualidade de vida de todos os que estão inseridos no mundo corporativo.

No que ao tempo das pausas diz respeito, é necessário atender, em contexto empresarial, à carga horária de cada funcionário, bem como às especificidades de cada empresa, alinhando as necessidades e expectativas de cada empresa aos tempos de pausa dos seus funcionários, permitindo, assim, contribuir para a qualidade de vida dos trabalhadores, sem comprometer a sua entrega profissional.

É interessante, neste âmbito, observar o exemplo do que sucede em países desenvolvidos, como a Noruega, em que se alguém é visto a trabalhar às 20h é admoestado pela chefia, pois entende-se que a pessoa ou está a receber trabalho a mais ou é incompetente, na medida em que não consegue cumprir com o que lhe é pedido no horário normal. E isto sucede porque, lá, as empresas sabem que se investirem no trabalhador, nomeadamente promovendo a conciliação da sua vida pessoal com a profissional, ele acabará por devolver à empresa o investimento feito.

Note-se, ainda a propósito da duração das pausas, que, para a realização de trabalhos complexos e/ou demorados, é pertinente recorrer à técnica Pomodoro. Esta é uma técnica de gestão de produtividade, de acordo com a qual este capítulo foi maioritariamente feito, que consiste na criação de blocos de tempo de 2 horas, divididos em 4 períodos de 25 minutos – os pomodoros. Após o decurso de cada pomodoro, devemos descansar 5 minutos e uma vez concluídos os 4 pomodoros (2h) devemos descansar entre 15 e 30 minutos antes de iniciarmos um novo ciclo. A ideia é repetir esta técnica até à conclusão do trabalho ou até ao final do dia de trabalho.

Não obstante, tão ou mais importante do que a duração das pausas, é saber o que fazer durante as mesmas. Neste âmbito, podemos distinguir as pausas de concentração das pausas de distração: enquanto as primeiras servem para relaxarmos e recarregarmos energia, já as segundas são suscetíveis de nos esgotar, sem que nos apercebamos disso. Assim, fazemos pausas de concentração quando, por exemplo, damos uma caminhada sem estar ao telemóvel, sentamo-nos ao sol sem distrações, ouvimos música ou meditamos. Por seu turno, as pausas de distração compreendem comportamentos como navegar nas redes sociais (que é o que mais fazemos) responder a *e-mails* ou fazer telefonemas (que pode ser bom para despacharmos trabalho, mas não para recuperarmos e sentirmos mais energia). Como é bom de ver, são as pausas de concentração que vão beneficiar a nossa saúde física, mental e emocional, com inegáveis repercussões na nossa produtividade, felicidade e bem-estar.

É necessário, pois, entender que internet não é descanso, nem pausa, nem recuperação e devemos definir blocos de tempo para a usarmos.

Em suma, saber parar é uma arte, sem a qual não existe verdadeira performance.

Como professora de meditação e praticante diária da mesma, não posso deixar de enfatizar a prática da meditação como uma excelente pausa de concentração. Vejamos, a meditação é uma prática milenar que visa a trazer o indivíduo para o presente, para o aqui e o agora, acalmando a sua mente e pensamentos, proporcionando um estado de clareza (que pode ser mental, emocional ou mesmo intuitiva) e uma sensação de relaxamento e bem-estar.

A prática regular de meditação traz inúmeros benefícios, cientificamente comprovados, quer a nível individual, quer a nível corporativo. De entre os quais, destaco: aumento da concentração, foco, memória, produtividade, eficiência e criatividade; redução do *stress*, da ansiedade e de sintomas psicossomáticos: a curto prazo, melhora a frequência respiratória, reduz a frequência cardíaca, aumenta o relaxamento muscular periférico e a oxigenação tecidual, reduz os níveis de adrenalina e cortisol e aumenta a sensação de bem-estar, podendo, a longo prazo, existir mais benefícios, como controle de dor e até aumento do córtex cerebral; contribui, ainda, para o fortalecimento do sistema imunitário, prevenção de doenças etc.– e tudo com forte impacto positivo na nossa autoestima e autoconfiança.

Ora, face ao que acabámos de expor e cientes da fulcral importância do seu capital humano, vemos cada vez mais empresas em todo o mundo a recorrer a programas de meditação, procurando incentivar os seus colaboradores à respetiva prática, nomeadamente disponibilizando-a na empresa durante o horário de expediente. São pausas valiosas e saudáveis, de intensa concentração, que podem ser importantes para manter a pessoa mais feliz, mais equilibrada emocionalmente, com mais energia e, em consequência, com uma maior produtividade e eficiência.

Com efeito, investir em ferramentas que possam ajudar a desenvolver o autoconhecimento dos colaboradores é algo que pode impactar muito os resultados da empresa a médio e longo prazos.

É premente entendermos que mentalidade e performance também são indissociáveis da respiração: se, por um lado, os nossos pensamentos controlam a nossa respiração, também a nossa respiração controla os nossos pensamentos. E são esses pensamentos que, ao gerarem as nossas ações, virão a determinar os nossos resultados.

É, pois, por essa razão que a meditação se tornou um hábito inegociável em atletas de alta performance que procuram evoluir e superar recordes. São vários os atletas de renome de todo o mundo e de diversas modalidades desportivas, que a integraram na sua rotina diária, como forma de elevar ainda mais o seu rendimento em competições: é que, para além de todos os benefícios atrás enunciados, o estado meditativo permite-lhes antecipar o inesperado, em vez de reagir. Acresce que, do ponto de vista físico, a meditação é capaz de fortalecer significativamente a consciência das sensações internas corporais, melhorando a cinestesia (capacidade em reconhecer a localização espacial do corpo, a sua posição e orientação, a força exercida pelos músculos e a posição de cada parte do corpo em relação às demais), além de melhorar a qualidade do sono, o que ajuda na recuperação muscular.

Se esta prática ressoou com o leitor e quiser saber mais sobre como integrar a meditação na sua vida ou levá-la para a sua empresa, não hesite em contactar-me. Será um enorme prazer conversar consigo sobre a possibilidade de transformar a sua qualidade de vida e a dos seus funcionários.

> “**Saber parar é uma arte, sem a qual não existe verdadeira performance.**”
>
> Maria Ana Azevedo

MARIA CARDEIRA GALO

Maria Cardeira Galo é especialista em Sucesso e Prosperidade e lidera empreendedoras rumo à realização dos seus sonhos.

Com uma vasta experiência em *coaching*, PNL, EFT e Hipnoterapia, destaca-se pelo método diferenciado de Sucesso Alinhado, reconhecido pela capacidade de transformar vidas, harmonizando desenvolvimento pessoal e profissional para promover equilíbrio e realização plena.

Os seus programas, *workshops* e cursos inspiram mulheres a atingir níveis de sucesso que nunca imaginaram ser possíveis.

É também autora, palestrante e criadora de conteúdo, partilhando *insights* sobre *mindset*, sucesso e prosperidade nas redes sociais e na sua comunidade exclusiva Mulheres de Sucesso.

mariacardeiragalo

+351 962 963 911

mariacardeiragalo

PERFORMANCE DE ELITE

13 EMPREENDEDORISMO DE ALTA PERFORMANCE

Por Maria Cardeira Galo

Bem-vinda(o)!

Ao longo das próximas páginas, prepara-te para seres inspirada, desafiada e capacitada a alcançar novos patamares de sucesso. Este é um convite para uma transformação profunda e duradoura na tua vida e no teu negócio.

Então, senta-te confortavelmente e prepara-te para embarcar numa viagem que irá revolucionar a forma como encaras o empreendedorismo e o sucesso. Vamos começar!

No mundo do **empreendedorismo de alta performance**, a pressão por resultados imediatos é cada vez mais presente e os desafios que enfrentamos podem abalar a nossa confiança e fazer-nos duvidar das nossas capacidades.

Enquanto procuramos alcançar prosperidade no nosso negócio, somos frequentemente confrontadas por vozes negativas e de dúvida, que nos sussurram que não somos capazes, que não vale a pena tentar, questionando a nossa capacidade e desencorajando os nossos esforços. Essas vozes, muitas vezes, tornam-se tão ensurdecedoras que ameaçam engolir-nos por completo. No entanto, não podemos permitir que elas limitem os nossos sonhos e objetivos. Devemos, sim, entender a origem delas e identificar o que está a minar a nossa confiança no sucesso. Experiências passadas negativas podem deixar cicatrizes que afetam diretamente o nosso negócio, moldando as nossas ações e decisões. É por isso que precisamos reescrever essas narrativas antigas e criar uma nova história, alinhada com o sucesso. Afinal, somos as autoras da nossa própria história. E hoje escolhemos escrever uma história de sucesso, superação e realização.

Maria Cardeira Galo

Como especialista em sucesso e prosperidade para empreendedoras, sei que o verdadeiro poder reside na forma como pensamos, agimos e nos relacionamos com os desafios que enfrentamos, e tenho testemunhado de perto como as nossas crenças e padrões de pensamento moldam não apenas as nossas ações, como também os nossos resultados.

A verdadeira magia acontece quando nos comprometemos a cultivar uma mentalidade de crescimento, uma mentalidade que nos permite ver oportunidades em que outros encontram obstáculos, que nos encoraja a persistir diante das adversidades e nos capacita a aprender com cada desafio que enfrentamos. As empreendedoras de alta performance compreendem que o sucesso não é apenas uma questão de talento ou sorte, mas também uma questão de mentalidade. Elas entendem que o verdadeiro poder reside na forma como escolhem interpretar as situações, como respondem aos desafios e como mantêm o foco nos seus objetivos, mesmo diante das incertezas e dificuldades.

Quando aceitamos o compromisso de cultivar uma mentalidade de sucesso, estamos a abrir as portas para um novo mundo de possibilidades ilimitadas. Pois, como diz Joyce Meyer, "onde a mente vai, o homem segue". O sucesso começa na nossa mente. A nossa mente é, sem dúvida, a ferramenta mais poderosa que possuímos. Ela molda as nossas perceções, influencia as nossas decisões e determina as nossas ações.

A nossa definição de sucesso pode ser tão vasta quanto os nossos sonhos mais profundos. No entanto, muitas vezes ficamos presas numa teia de energia negativa quando se trata de falar sobre sucesso. Se permitirmos que o nosso campo energético seja dominado por desafios, obstáculos e resistências, manter uma vibração elevada vai ser uma tarefa árdua. Por isso, é fundamental desprogramar esses padrões negativos para mudar o nosso relacionamento com o fracasso e com os obstáculos, permitindo-nos construir bases fortalecidas para o sucesso.

E o primeiro passo é definir a nossa relação com a palavra "sucesso" e compreender o que ela realmente significa para nós, para além da sua conotação financeira. Quando olhamos para o sucesso com foco apenas no dinheiro, corremos o risco de sacrificar outras áreas importantes da nossa vida. E quando atingimos os nossos objetivos financeiros, percebemos que o verdadeiro sucesso vai além disso. Para evitar essa armadilha, precisamos ter uma visão clara e holística do que o sucesso significa para nós. Merecemos ser felizes, merecemos ter liberdade financeira, merecemos viver com autenticidade, merecemos ter relacionamentos significativos e merecemos viver em harmonia em todas as áreas da nossa vida. Então, recorda-te sempre da pergunta fundamental: o que é, realmente, para ti ter um negócio de sucesso? Para isso, devemos refletir: que sensações cria o sucesso no meu corpo? Qual é o impacto do sucesso no meu coração? Como é o meu estilo de vida de sucesso? Estou a construir um negócio alinhado com os meus valores? Estou a dar prioridade ao meu autocuidado e bem-estar? Com que energia desejo estar no meu negócio? E o que faço diariamente para manter equilibradas todas as áreas da minha vida?

Visualizar uma vida de sucesso e identificar os nossos desejos mais profundos são partes essenciais do processo de criação de sucesso. E é aqui que entra o conceito de **Sucesso Alinhado**, o meu método diferenciado para o empreendedorismo de alta performance.

Nesta visão, o Sucesso Alinhado vai muito além de alcançar objetivos financeiros, trata-se de criar uma vida genuinamente gratificante a todos os níveis. Envolve estabelecer uma conexão poderosa com a energia da realização pessoal e profissional, moldando uma existência que seja verdadeiramente extraordinária.

Experimenta o poder transformador da pergunta: "O que faria hoje se tivesse 100% de certeza que o meu sucesso é inevitável?". Esta questão é o combustível diário que impulsiona a conquista de uma vida plena e realizada, libertando-nos das amarras das dúvidas e direcionando-nos para o que podemos fazer para alcançar a nossa visão de sonho. É a chave para agir com resolução e determinação, guiando-nos em direção aos nossos objetivos mais ousados. Quando começas a olhar para ti como um ser incrível, tornas-te um íman para tudo o que desejas e vais, inevitavelmente, irradiar essa energia.

Adota a perspetiva de que tudo está a desenrolar-se divinamente para ti. Tem total confiança de que o resultado que desejas vai ser teu.

Ao alinhares-te com a convicção de que o teu objetivo está a acontecer, tudo muda. Não é uma questão de "quando", mas sim de ter fé e certeza que vai acontecer.

O Sucesso Alinhado não é apenas algo externo que desejamos atrair, é acima de tudo uma energia interna que cultivamos e nutrimos.

Se nos colocarmos em segundo plano e não criarmos espaço para nós, vamos enfrentar dificuldades para atrair **abundância** e **sucesso**, porque o espaço e a liberdade são essenciais para receber mais prosperidade. Devemos explorar formas autênticas de conduzir os nossos negócios, alinhadas com quem realmente somos.

Um negócio de sucesso é construído com paixão e alinhamento pessoal. Devemos viver em equilíbrio em todas as áreas da vida para alcançar o verdadeiro Sucesso Alinhado.

Estamos já a chegar ao final deste capítulo, mas, antes de virar a página, quero que leves contigo esta mensagem: **o empreendedorismo de alta performance não se trata apenas de alcançar sucesso nos negócios**. Trata-se de alcançar um estado de excelência em todas as áreas da vida: o nosso Sucesso Alinhado.

Quando nos comprometemos com a excelência, não podemos contentar-nos com menos do que aquilo que verdadeiramente desejamos. Queremos mais do que apenas sucesso financeiro.

Queremos uma vida que nos preencha de alegria, significado e realização.

Queremos sentir a autoconfiança a pulsar dentro de nós, a impulsionar-nos para novos horizontes, a fazer-nos acreditar que somos capazes de alcançar tudo o que desejamos.

Queremos sentir a autoestima a elevar-se a níveis que nunca pensámos ser possíveis, reconhecer o nosso valor e amar-nos incondicionalmente.

Queremos atingir metas e resultados que nos deixem com um sorriso no rosto, a sensação de realização a preencher cada parte do nosso ser.

Queremos melhorar a nossa comunicação e as nossas relações interpessoais, conectar-nos de forma genuína com os outros e criar laços que perdurem no tempo.

Queremos ganhar clareza e foco, saber exatamente o que queremos e como chegar lá, sem nos deixarmos distrair por detalhes irrelevantes. Queremos reduzir o *stress* e a ansiedade, sentir uma calma interior que nos permita enfrentar qualquer desafio com serenidade.

Queremos vender mais, atrair mais clientes, expandir o nosso negócio para patamares que antes pareciam inalcançáveis.

Queremos cuidar de nós mesmas, reconhecer a importância do autocuidado e reservar tempo para recarregar as nossas energias.

Queremos sentir uma realização pessoal e profissional que vai para além dos números e das conquistas materiais, uma sensação de plenitude que nos faz acordar todas as manhãs com um propósito renovado.

Queremos equilibrar a nossa vida pessoal e profissional, dar o melhor de nós em todas as áreas sem sacrificar o nosso bem-estar.

Queremos ter um negócio alinhado com os nossos valores e desejos, sentir que estamos a contribuir de forma positiva para o mundo enquanto realizamos os nossos sonhos.

E, acima de tudo, queremos sentir uma felicidade e uma realização que transcende qualquer obstáculo, uma sensação de plenitude que nos acompanha em cada passo do caminho.

Portanto, a verdadeira empreendedora de alta performance é aquela que encontra o equilíbrio entre o sucesso profissional e pessoal, que cuida de si mesma em primeiro lugar para melhor cuidar dos outros e que contribui positivamente para o mundo enquanto realiza os seus sonhos.

Este é apenas o início da viagem.

O caminho para o Sucesso Alinhado é uma jornada emocionante cheia de possibilidades infinitas. Se estás pronta para dar o próximo passo em direção a um empreendedorismo de alta performance e criar uma vida verdadeiramente extraordinária, então o momento de agir é agora.

Junta-te a mim e a outras empreendedoras incríveis na minha comunidade de Mulheres de Sucesso, e juntas vamos elevar os nossos negócios e as nossas vidas para níveis de sucesso e realização que vão muito além dos teus sonhos mais ambiciosos!

"

O que faria hoje se tivesse 100% de certeza que o meu sucesso é inevitável?

Maria Cardeira Galo

"

MOEMA COSTA

Sou Moema Costa, natural do Rio de Janeiro, resido há seis anos em Portugal, país que me acolheu de braços abertos. Tenho uma personalidade intensa e sonhadora. Amo o autoconhecimento, a vida de superação e Deus acima de todas as coisas.

Casada com Esdras Costa, meu parceiro de vida há 15 anos. Temos dois filhos, Letícia e Matheus, nossos maiores tesouros. Sou mentora do desenvolvimento humano e inteligência emocional, escritora, treinadora e especialista comportamental de elite, atuando junto à equipe do Instituto de Desenvolvimento Comportamental (Idec), unidade Portugal.

Criadora do método RPI (Resgatando a Perfeita Identidade), que tem por finalidade resgatar a identidade real, eliminar sabotadores e promover transformação na vida das pessoas.

Venha conectar-se comigo!

moemacostaoficial

+351 968 888 687

14 COMO OS LÍDERES DE ELITE DECIDEM

Por Moema Costa

Querido(a) leitor(a),

Antes de iniciarmos este conteúdo, convido-o(a) a refletir sobre algumas questões. Para si, tomar decisões é algo natural ou uma fonte de desafio?

Numa escala de 0 a 10, qual é o nível de necessidade atual na tomada de decisões assertivas para alcançar o sucesso e a felicidade que tanto almeja?

Que pilar da sua vida – seja ele familiar, profissional, financeiro, saúde, espiritual, social, emocional ou outro – obriga a uma decisão, mas que se sente bloqueado(a) para enfrentar? Como isso o(a) faz sentir?

Refletindo sobre o passado, já se deparou com situações em que as suas escolhas resultaram em desfechos indesejados, criando um receio persistente de falhar até aos dias de hoje?

E considera relevante a importância de compreender as práticas adotadas por **líderes de elite** na tomada de decisões? Se a sua resposta for afirmativa, convido-o(a) a permanecer conosco neste capítulo, onde novos *insights* podem transformar a sua mentalidade e os seus resultados.

Sobre os líderes de elite

Os líderes de elite procuram constantemente resultados excecionais, que reforçam a sua posição de vencedores. Eles lideram as suas vidas com entrega, inspiração, autoconfiança, comprometimento, renúncia e rigor. Estão sempre à procura de recursos, internos e externos, para superar-se, mesmo que seja apenas 1% a mais. Esse comprometimento, muitas vezes, leva-os a fazer o que a maioria não está disposta a fazer, alcançando resultados elevados. Além disso, são empáticos, criando ambientes colaborativos que preservam a saúde mental daqueles em seu redor, e possuem habilidades genuínas de comunicação e relacionamento, que geram confiança.

O líder de elite não apenas reconhece as suas falhas com humildade, mas encara-as como oportunidades de aprendizagem. Ao contrário daqueles que adotam uma mentalidade de fracasso ou vitimização, os verdadeiros líderes, empresários e empreendedores estão sempre prontos para transformar desafios em crescimento.

O líder de elite compreende que tomar decisões é uma responsabilidade contínua, que exige consciência plena de seus objetivos. Embora nem sempre seja fácil, é necessário. Afinal, quem disse que conquistar metas, sonhos e deixar um legado seria confortável?

Consciente disso, o líder prepara-se, procurando recursos como conhecimento, clareza, atitude, posicionamento, gestão e conexões, almejando sucesso, realização e plenitude. E tudo, tudo isso está nas suas mãos. Está no seu poder de decisão!

Agora, permita-me perguntar: alguma dessas características ressoou em si? Possivelmente, já possui os traços de um líder de elite. Entretanto, lembre-se de que sempre há espaço para evolução e aprimoramento, concorda?

Entendendo o poder da decisão

A capacidade de decidir é intrínseca à natureza humana. Estamos constantemente a tomar decisões, conscientes ou não. Estudos revelam que, em média, tomamos mais de 35 mil decisões diárias, a maioria delas de forma inconsciente. Cada escolha que fazemos moldar o curso das nossas vidas, influenciando diretamente os nossos resultados e experiências.

Diariamente, somos confrontados com diversas opções, cada uma com as suas consequências. Decidir se participamos ou não numa festa; contratar ou não um novo colaborador; investir num curso de especialização; optar por uma dieta específica; ou até mesmo investir em mentores para auxiliar-nos na jornada de autodescoberta e crescimento pessoal. E é nesse momento que a complexidade do processo decisório se revela, envolvendo fatores emocionais, racionais e intuitivos. E todos esses fatores juntos obrigam a energia e comprometimento da nossa parte. É colocar a mente para trabalhar a nosso favor e com intencionalidade!

Tomar decisões assertivas e conscientes é um diferencial capaz de abrir portas para o sucesso. Contudo, se nos deixarmos guiar pela correnteza da vida de forma inconsciente, os resultados podem ser devastadores. Indecisões ou escolhas impulsivas têm o potencial de gerar dor e frustração. A procrastinação diante de decisões importantes pode impedir o crescimento pessoal e profissional, mas também escolhas precipitadas podem levar a caminhos que não refletem o resultado desejado. Seja cauteloso(a)!

A maior parte das pessoas irá enfrentar conflitos na hora de escolher um caminho. Mas uma coisa é certa: é preciso decidir! Se não temos poder de decisão, entregamos o comando da nossa vida ao acaso, adiamos a nossa felicidade e realização, privamo-nos de viver coisas sensacionais e sentimo-nos incapazes de enfrentar os obstáculos com os quais nos deparamos. E de lembrar que a omissão também é uma decisão.

Cada escolha que fazemos é uma expressão de quem somos e do que consideramos importante. Ou seja, é um reflexo de nossa identidade e valores que se alinham ao nosso propósito. Se você não decidir pelo seu propósito, alguém decidirá por si, de acordo com o seu próprio interesse.

Durante muito tempo, eu era aquela pessoa que constantemente adiava as minhas decisões. Devo confessar que a maioria das escolhas significativas que poderiam ter mudado drasticamente a minha vida – como casar, ter filhos, mudar de carreira (saindo do setor bancário para empreender na área do desenvolvimento pessoal) e até mesmo mudar de país (do Brasil para Portugal) – exigiam uma grande dose de responsabilidade, comprometimento e maturidade emocional da minha parte. No entanto, o que predominava em mim eram crenças limitadoras e muitos medos. O meu receio de fracassar era grande, assim como minhas inseguranças.

As crenças limitantes exercem uma influência significativa no nosso processo de tomada de decisão. A crença na nossa identidade, muitas vezes, impede-nos de agir, porque questionamos quem realmente somos. A crença na nossa capacidade pode paralisar-nos, fazer-nos duvidar das nossas habilidades e competências. Além disso, a crença no merecimento aprisiona-nos numa vida de limitações, levando-nos a sabotar e a evitar fazer escolhas que seriam melhores para nós.

Foi apenas por meio do meu processo de autoconhecimento e desenvolvimento pessoal que pude transformar a minha mentalidade e reprogramar essas crenças limitantes em crenças fortalecedoras. A eliminação dos meus sabotadores e a tomada de decisões emocionalmente maduras foram passos cruciais nesse processo, o qual me permitiu tornar-me a pessoa e profissional que sou hoje. Reconheço que esse percurso foi longo e desafiador.

Aprendi que toda decisão implica renúncias, pois, ao escolher uma direção, inevitavelmente deixamos para trás outras possibilidades. Cada decisão traz consigo tanto ganhos quanto perdas e é fundamental aceitar e aprender com essas perdas ao longo da jornada. E está tudo certo!

A nossa vida é repleta de desafios e oportunidades. Cabe a cada um de nós tomar as decisões adequadas se desejamos realizar os nossos sonhos e deixar a nossa marca no mundo. São essas escolhas que moldam a nossa história e criam um legado capaz de inspirar e impactar as gerações futuras.

Atualmente, como treinadora e analista comportamental de elite, tenho o privilégio de guiar pessoas a trilharem o mesmo caminho que um dia percorri. Percebi que o número de pessoas enfrentando as mesmas dores, frustrações e limitações que também vivi era muito maior do que imaginava. Por meio do conhecimento adequado, ferramentas certeiras e estratégias personalizadas, conduzo os meus clientes a eliminarem os seus sabotadores, auxiliando-os a avançar em direção às suas conquistas pessoais e profissionais, fazendo escolhas assertivas por meio do *coaching*, da PNL e da Análise Comportamental.

Mas então, Moema, como decide o líder de elite?

1. Procura autoconhecimento e, por isso, entende o que faz ou não sentido fazer;
2. desenvolve uma visão sistémica do processo como um todo;
3. sendo autorresponsável, assume toda e qualquer consequência da sua decisão;
4. possui uma mentalidade positiva, de quem nasceu para vencer;
5. analisa com cautela os diferentes cenários, e as múltiplas opções;
6. com clareza, ousadia, criatividade, segurança e autoconfiança;
7. formula metas claras e objetivos alcançáveis;
8. define ações específicas consoante a sua decisão;
9. honra o seu propósito;

10. não se incomoda com que os outros vão pensar;
11. não tem medo de tomar uma decisão errada;
12. identifica os seus sabotadores e eliminando-os;
13. entende que a sua decisão não agradará a todos e que algumas pessoas se afastarão;
14. trabalha a sua inteligência emocional para lidar com as possíveis adversidades na tomada de decisão;
15. procura uma rede de conselheiros que o ajude em decisões mais complexas;
16. respeita a sua identidade e os seus valores;
17. reflete e faz perguntas a si mesmo do porquê de decidir por algo;
18. analisa as perdas e ganhos antes de qualquer decisão;
19. procura o sucesso e a plenitude que merece em todas as áreas da vida;
20. eleva os seus pensamentos a Deus (ou em algo superior) a fim de buscar paz nas suas decisões.

E, então, está decidido(a) a trilhar esse caminho hoje e mudar o que precisa ser mudado para se tornar um(a) líder de elite?

É imprescindível que exercite o poder que reside dentro de si: o poder da decisão. De outra forma, estará constantemente preso(a) ao ciclo dos "e se": e se eu tivesse aceitado aquela promoção? E se eu tivesse decidido empreender antes? E se eu tivesse dedicado mais tempo aos estudos? E tantos outros "e se..." Certamente, isso não condiz com os planos que traçou para a sua vida. Tenho a certeza que deseja uma vida de felicidade e plenitude.

Com isso, desejo-lhe um caminho repleto de realizações e sucesso, premiado pela sabedoria na tomada das suas decisões.

E se precisar de ajuda, estou aqui para lhe segurar a mão.

Chegou a sua hora de decidir!

“

Se não decidir pelo seu propósito, alguém decidirá por si, de acordo com o seu próprio interesse.

Moema Costa

”

NILVA DE SOUZA DIAS FERREIRA

Sou Nilva de Souza Dias Ferreira, Nina Ferreira, nascida no sul do Brasil, numa família de nove irmãos. Honro aqui o meu pai, Júlio, e a minha mãe, Ordália, pela boa educação que tive e pelo melhor que sempre me deram. Sou viúva. Divido minha vida entre Brasil e Portugal.

Graduada em Direito. Investidora no ramo imobiliário e apaixonada pela área de Desenvolvimento Pessoal. O meu propósito de vida tem sempre Deus à frente.

Sou *Master Coach* integral sistémico, especialista em Análise de Perfil Comportamental, analista de Perceção de Perfil Comportamental Infantil, terapeuta em Cura da Criança Interior e pós-graduanda em Psicanálise.

Palestrante oficial dos livros: *Decifre e fortaleça seu filho*, *Viva a sua real identidade* e *O poder da ação*.

ninaferreira.oficial

+(351)911879418

+55(43)999674937

15 PERFIL COMPORTAMENTAL NA INFÂNCIA – ADULTO SAUDÁVEL

Por Nilva de Souza Dias Ferreira

Falamos muito sobre perfil comportamental na fase adulta e da sua importância para a compreensão dos motivos que nos levam a agir e reagir a determinadas situações de forma diferente de outras pessoas.

O "conhecer-se a si mesmo" para então conhecer o outro é um fator preponderante para a conexão de pessoas, mas podemos ir além quando queremos estudar as causas geradoras dos nossos comportamentos. Podemos ir diretamente ao ponto onde tudo começa: na infância. É nesta fase da vida que aprendemos e absorvemos o positivo e o negativo que iremos exteriorizar durante toda a fase adulta.

As nossas crenças limitantes, as nossas feridas emocionais são formadas na fase da infância e fortalecidas durante a fase da adolescência e da fase adulta. As crenças limitantes negativas são problemas e obstáculos emocionais que arrastamos pela vida toda e impedem-nos de tomar decisões assertivas, fazer escolhas benéficas, ter uma vida saudável emocionalmente e desfrutar de tudo que Deus tem para nós. Cada adulto possui as suas características específicas e, da mesma forma, cada criança também é única dentro deste inicial processo evolutivo da cognição. A criança precisa ser vista de forma individualizada e com ações e reações específicas de cada perfil comportamental. Podemos, então, falar em equidade. É necessário reconhecer e respeitar a diversidade e a individualidade que existe em cada perfil comportamental.

Já imaginou saber lidar com o perfil de cada pessoa? Poder compreender melhor os seus atos e alcançar a resposta desejada? Ou entender que uma pessoa que se mostra dominante demais ou quieta demais, comunicativa demais ou ainda detalhista demais, possui traços típicos e isso faz parte do seu perfil natural?

A Teoria DISC, criada pelo psicólogo americano William M. Marston (2024), é uma ferramenta importantíssima para entender como se comportam crianças e adultos em determinadas situações, frente a certos estímulos. Diante destas diferenças típicas de cada perfil serão agrupados em função de padrões de comportamentos, geralmente influenciados pela sua personalidade, crenças, valores. Depois de alinhado cada agrupamento e definido o perfil individual, será possível detectar os seus pontos fortes a serem ressaltados e, consequentemente, os pontos fracos a serem trabalhados para que o indivíduo possa ultrapassar os seus obstáculos pessoais e esteja liberto de crenças limitantes e de feridas emocionais em maior grau possível. Assim terá maior possibilidade de tomar decisões mais assertivas que o beneficiem na sua vida emocional, social, financeira e mesmo conjugal. O intuito será realizar os seus objetivos e ter sucesso em todas as áreas da vida de forma sistêmica.

Os quatro perfis da Teoria DISC são: dominância, influência, estabilidade e conformidade.

O **perfil dominante** é focado em resultados. Toma decisões com rapidez, é ousado, autoconfiante e gosta de desafios. É competitivo, racional e assume riscos. No mundo corporativo, adequa-se à função de liderança do grupo.

O **perfil influente** é mais voltado a pessoas. São criativos, otimistas e comunicativos. Gostam de socializar, são carismáticos e persuasivos. Funcionam bem no setor de vendas.

O **perfil estável** é o planeador e organizador, gosta do planeamento estratégico e no mundo corporativo é indicado para estruturação setorial. Possui habilidade em trabalhos metódicos com previsão de variáveis e por exclusão. É emocional, empático e tem facilidade em ligar-se com pessoas. Paciente e bom ouvinte; prefere ambientes seguros, previsíveis e harmoniosos.

O **perfil conforme** é mais racional e focado nas suas tarefas e resultados, é detalhista e analista. Respeitador das regras, gosta de normas e procedimentos. Apresenta trabalhos com alto grau de qualidade e prefere tarefas repetitivas e individuais. O setor indicado será a contabilidade.

Quando nos educaram, os nossos pais replicaram o que aprenderam e fizeram-no da melhor forma para que tivéssemos uma vida mais abundante da que tiveram. Hoje temos maior facilidade para ter novas informações e aprendizagens. O tratamento de forma igualitária entre os filhos pode ser facilmente notado dentro de uma família em que a mãe pode perguntar: por que este miúdo é tão diferente do irmão, sendo que tiveram a mesma educação, a mesma escola, os mesmos recursos e o mesmo tratamento familiar? Por que motivo se desenvolvem de forma diversa e conseguem ou não uma vida de sucesso na fase adulta? Diante de uma correção, por que um filho reage de forma displicente, enquanto o irmão se pode sentir ofendido e chorar? Enquanto criança, o seu filho gosta de brincar sozinho ou está sempre a chamar para acompanhá-lo nas suas brincadeiras? Ele tem o perfil de quem gosta de liderar, é ousado e em algumas situações até dá ordens aos pais? Já pensou que cada perfil pode gostar de diferentes situações? Estas são características típicas do perfil comportamental e é normal. Agora imagine-se sabendo lidar melhor com o seu filho, como agir e reagir com cada um deles e obter uma melhor resposta de todos.

De acordo com a Teoria das Necessidades, de Abrahan Maslow (Calicchio, 2023), desde crianças já temos cinco necessidades básicas que compreendem a nossa fisiologia; segurança; amor e relacionamentos; autoestima; realização pessoal. Quando algumas destas necessidades básicas são desrespeitadas, interrompe-se um caminho que poderia ser frutífero.

A personalidade da criança é desenvolvida durante fases da infância e os fatores preponderantes deste processo evolutivo são os hereditários e os adquiridos por meio do ambiente no qual estamos inseridos. A ambiência é tida como uma parcela importante, pois trata-se do meio físico, das condições familiares, sociais, culturais, emocionais e interpessoais que serão peças-chaves a influenciar diretamente sobre nosso comportamento. Será por meio deste prisma que passaremos a interpretar e compreender o mundo e serão determinantes para a criação de memórias, sejam elas positivas ou negativas. Nesta fase os valores e crenças serão enraizados e fortalecidos durante a adolescência e vida adulta.

Podemos dizer que a melhor forma de interagir com a criança é, primeiramente, respeitá-la. Mas, para isso, é necessário interessar-se por ela e conhecê-la melhor. É importante assegurar que a criança tenha condições de atingir a fase adulta com certa maturidade emocional. Quando é individualizada, passa a reconhecer-se como importante e ao adotar uma comunicação mais adequada com seu perfil poderá direcioná-la de forma mais assertiva para que atinja os seus objetivos da fase adulta com o menor número de feridas emocionais possível. Somos um pouco como Quíron, o centauro da lenda grega, que, ao procurar a própria cura, acaba por contribuir para a cura dos demais.

Há casos em que os pais desconhecem o perfil dos filhos e passam a exigir que se comportem de acordo com suas expectativas. Quando na infância tentam moldar-nos para que tenhamos certos comportamentos, pode ser gerada em nós a ideia de que os pais não nos respeitam como realmente somos e passamos a nos comportar num perfil adaptado. Podemos sentir que, apenas quando exercemos um perfil adequado, seremos amados.

As crenças limitantes podem ser incutidas na criança até os 12 anos de idade e podem determinar o sucesso ou não nas áreas financeira, emocional, profissional, social, conjugal, espiritual etc. Tomamos aquilo que ouvimos na infância como verdade absoluta, principalmente quando quem diz são os pais, professores ou cuidadores que temos como nossos deuses. Frases como: "Este miúdo não será nada na vida", "Esta miúda não servirá para estudos", ou ainda "Não gaste tudo, pois dinheiro não nasce nas árvores", são exemplos de frases e pensamentos aprendidos na infância que nos acompanharão para o resto das nossas vidas. Irão interferir sobre as nossas escolhas, pois será a perceção que teremos sobre a nossa inteligência, sobre as nossas habilidades e aptidões. Interferem de forma negativa sobre o modo como nos vemos e aceitamos e nos impedirão de realizar os nossos objetivos em relação ao trabalho, aos estudos, a escolher as amizades e até na escolha de nosso cônjuge.

A crença limitante geradora da ideia de não merecimento, de não pertença, de incapacidade é determinante na baixa autoestima e conduz à falta de motivação, à procrastinação e à apatia diante de novos desafios.

Há casos em que a criança ou pessoa já adulta continua a reconhecer como verdade tudo o que ouviram de negativo sobre si na infância e acreditam que tais crenças de desvalor fazem parte do seu perfil. É neste momento que se forma um terreno fértil para o desenvolvimento e fortalecimento de vícios emocionais, base para relacionamentos tóxicos.

Quando a criança vem de um lar ou de um ambiente disfuncional, mesmo inconscientemente, passa a procurar iguais ambientes, pois sempre procuramos aquilo que nos é conhecido, familiar. O modelo relacional que ambicionamos e entendemos como perfeito para nós é aquele que vimos na infância, isto vale também para relacionamentos interpessoais ou conjugais da fase adulta. As escolhas profissionais, de estudos ou sociais serão ditadas por este critério. O autoconhecimento dos pais é imprescindível para ajudar a criança a perceber os seus sentimentos. O desenvolvimento pessoal e o crescimento emocional representam a nossa superação sobre nós mesmos.

Na infância, quando somos tratados com respeito, geramos em nós crenças positivas como a de pertença, merecimento, competência, enfim, realmente sentiremos ser importantes e amados o bastante para construir uma relação de amor-próprio e autorrespeito. Quando nos amamos, estaremos aptos a amar o próximo e construir uma conexão e relação saudável emocionalmente. A construção de uma base saudável na infância é o que levará a criança a tornar-se um adulto emocionalmente estável e direcionado a um futuro de sucesso.

“

O desenvolvimento pessoal e o crescimento emocional representam a nossa superação sobre nós mesmos.

”

Nilva de Souza Dias Ferreira

COMENDADOR RAPHAEL

Sou Raphael Freitas, natural de Nova Iguaçu/RJ, esposo da Karine Freitas, uma mulher incrível, e pai da Lívia Freitas. Elas são dois presentes de Deus em minha vida.

Sou mentor, escritor, hipnoterapeuta e empresário. Faço atendimentos *on-line* e presenciais no Rio de Janeiro/RJ e Brasília/DF, onde sou mentor por meio do meu método CRF – Comece, ressignifique e faça –, que já impactou mais de 1.000 pessoas nos últimos dois anos.

Em 2016, ganhei o título de comendador pela Arquiepiscopal Imperial, devido à excelência em meu trabalho.

Sou formado pela PUC-RS em MBA de Vendas, negociação e resultados de alta performance e estou cursando Neurociências, também pela PUC-RS.

comendador.raphael

+55 (21) 97525-1725

comendadorraphael.com.br

hipnoterapeuta@comendadorraphael.com.br

PERFORMANCE DE ELITE

16 CONSTRUINDO UMA MARCA PESSOAL FORTE

Por Comendador Raphael

Meu nome é Raphael Freitas. Em 2016, ganhei o título honorífico no grau de comendador, pela Arquiepiscopal Imperial da Igreja Católica, devido à excelência em meu atendimento. Quando eu recebi esse título, senti em meu coração que um dia ele seria uma marca forte; na minha mente, seria uma marca de roupas, pois sempre gostei de me vestir bem e sempre tive dificuldades em encontrar boas roupas.

Mas, em alguns anos, eu, que em 2016 recebi o título devido à excelência em meu atendimento, que era um profissional de alta performance e melhor profissional da diretoria, tornei-me um profissional problemático e o pior gerente da diretoria. Passei a ter crises de ansiedade severas e constantes, nas quais, lentamente, fui me afundando profissionalmente e pessoalmente, até que um dia fui demitido.

No dia da minha demissão, senti que o meu ciclo no banco havia, de fato, se encerrado e eu não iria tentar entrar em outra instituição, mas sim seguir minha vontade de criar minha empresa e minha marca.

Um dia, minha esposa procurou uma hipnoterapeuta para desbloquear uma insegurança nela, que a impedia de passar em uma prova importante. Vendo esse movimento dela, que me apoiou muito, tive a curiosidade de passar pelo processo de hipnoterapia também. Ali, desbloqueei vários traumas, perdoei várias pessoas e a mim mesmo, pois não me sentia merecedor de ser ouvido, de me posicionar e de ser bem-sucedido em minha vida. No final da minha sessão, a hipnoterapeuta Bruna Mendes, que foi peça de muita importância em minha transformação, disse assim: "Rapha, não misturamos hipnose com religião, mas Deus está mandando eu lhe dizer algo: você será um hipnoterapeuta e um palestrante de sucesso".

Sinceramente, eu não dei muita importância para o fato de ser hipnoterapeuta, nunca passou pela minha mente cuidar de outras pessoas por meio de processos terapêuticos, mas quando ela disse "um palestrante de sucesso" vi, naquele momento, que realmente era Deus falando, pois ninguém sabia desse sonho que estava guardado por tanto tempo. Uma, duas, três semanas se passaram e as crises de ansiedade não aconteciam mais, mesmo eu estando desempregado, então vi que a hipnoterapia realmente era eficaz. A partir do momento que eu ressignifiquei essas memórias que estavam me impedindo de chegar a um novo nível, as coisas começaram a andar em uma velocidade que jamais andaram em minha vida.

Em um processo de R2C (*regress to cause*), me vi aos 3 anos com meu pai e um senhor de muita autoridade, que me conhecia desde o dia do meu nascimento, me elogiando para meu pai e dizendo que eu me expressava muito bem e falava como adulto. Meu pai estava muito feliz com aquele elogio, afinal, qual pai não ficaria feliz em ver seu filho sendo elogiado? O meu pai, a pessoa de maior autoridade em minha vida, sempre me ouviu muito, mas em momentos em que ele discordava de algo que eu dizia, nem sempre me dava ouvidos. Minha mente, para me proteger, fez o seguinte movimento: se meu pai, que é a maior autoridade em minha vida, nem sempre me dá ouvidos, será que gerentes, diretores, regionais, coronéis ou qualquer pessoa de autoridade me daria? Eu, na realidade, não me sentia merecedor de receber o título que recebi de pessoas de autoridade. Eu poderia ter usado esse título para crescer e ser ainda mais reconhecido no banco em que trabalhei, mas eu não conseguia me expressar como aquela criança de 3 anos, que se expressava sem se preocupar, sem se achar julgada.

Foi então que procurei as melhores escolas de hipnoterapia do Brasil e, com os melhores, eu me formei. Enquanto eu me formava, sentia em meu coração aquele mesmo sentimento de quando recebi o título em 2016, e que esse seria o nome do meu consultório e do meu instituto de hipnoterapia: Instituto Comendador Raphael.

Hoje, sou um hipnoterapeuta reconhecido em meu estado, Rio de Janeiro, e referência no que faço; voltei a ser aquele profissional de excelência que sempre fui. Em apenas dois anos, tornei-me hipnoterapeuta e sócio do SpaceB (a maior plataforma de ensino híbrido cristão do Rio de Janeiro) e escritor, que aqui vos escreve neste livro. No entanto, percebi que, apesar de ter alcançado certo sucesso profissional, minha marca pessoal ainda não estava claramente definida. Minha história e meus valores não estavam sendo comunicados de forma eficaz, o que prejudicava minha imagem e impacto no mercado. Era hora de repensar minha estratégia de construção de marca e alinhar minha história com meus objetivos e valores.

A falta de uma marca pessoal forte estava limitando minhas oportunidades de crescimento e impacto. Minha mensagem não estava sendo transmitida de forma clara e consistente, o que afetava minha credibilidade e influência. Percebi que era crucial investir na construção de uma marca pessoal autêntica e relevante, que refletisse minha história e valores de forma genuína.

Para construir uma marca pessoal forte, é essencial começar com uma profunda reflexão sobre sua história, valores e objetivos. Identifique os elementos que tornam sua história única e autêntica, e como eles podem ser incorporados em sua marca pessoal. Defina claramente seus valores e princípios, e como eles guiarão suas ações e decisões.

Em seguida, desenvolva uma estratégia de comunicação consistente e relevante, que transmita sua mensagem de forma clara e impactante. Utilize plataformas *on-line* e *off-line* para compartilhar sua história e valores com seu público-alvo, e construa relacionamentos autênticos e duradouros com sua audiência.

Ao construir uma marca pessoal forte, lembre-se sempre de ser autêntico e fiel a si mesmo. A sua história e os seus valores são seus maiores ativos e devem ser a base de sua marca pessoal. Busque inspiração em sua jornada e nas experiências que moldaram quem você é hoje. Com determinação e foco, você poderá construir uma marca pessoal sólida e impactante, que reflita sua essência e conquiste o reconhecimento e respeito de seu público.

Criar uma marca pessoal forte é um processo que envolve autoconhecimento, consistência e estratégia. Aqui estão algumas etapas que você pode seguir para desenvolver e construir uma marca pessoal forte:

1. <u>Defina seus objetivos</u>.

Pergunte a si mesmo o que você quer alcançar com sua marca pessoal. Isso pode ser avançar em sua carreira, mudar de campo, construir uma rede ou qualquer outro objetivo.

2. <u>Compreenda seu público-alvo</u>.

Identifique quem você quer que perceba sua marca pessoal. Isso pode ser empregadores potenciais, clientes, colegas de trabalho ou um público mais amplo em sua indústria.

3. Descubra sua proposta de valor única.

O que o diferencia dos outros? Pode ser uma combinação de habilidades, experiências, valores e paixões. Seja autêntico em sua abordagem.

4. Crie uma mensagem consistente.

Sua mensagem deve refletir sua proposta de valor única e ser consistente em todas as plataformas e interações.

5. Desenvolva sua presença *on-line*.

Crie um *site* profissional para compartilhar seu conhecimento e perspectivas. Mantenha perfis profissionais atualizados nas redes sociais, como Instagram, Facebook, LinkedIn, X e, se for relevante, TikTok e Kwai.

6. Faça *networking*.

Conecte-se com outros profissionais em eventos, conferências e de forma *on-line*. O *networking* é o processo mais conhecido e praticado, que envolve criar uma rede de contatos profissionais para troca de informações, oportunidades de negócios, parcerias e crescimento mútuo.

7. Pratique *netweaving*.

Netweaving é uma abordagem mais colaborativa e altruísta de *networking*. O termo foi cunhado por Bob Littell e enfatiza a ideia de conectar pessoas dentro de uma rede com a intenção de ajudá-las, sem a expectativa imediata de uma recompensa pessoal.

8. Mostre seu conhecimento e suas habilidades.

Escreva artigos, participe de podcasts, faça *lives*, realize apresentações em conferências ou participe de painéis de discussão. Compartilhe seu conhecimento e experiências que agreguem valor ao seu público.

9. Aceite *feedback* e adaptação.

Peça *feedback* a colegas, mentores ou ao seu público, para entender como sua marca é percebida. Esteja aberto para se adaptar e evoluir sua marca pessoal conforme necessário.

10. Seja consistente.

A consistência na comunicação e na aparência é chave para que as pessoas lembrem e reconheçam sua marca pessoal.

11. Aprenda e desenvolva-se continuamente.

Mantenha-se atualizado com as tendências do setor e continue aprimorando suas habilidades e conhecimentos. Por exemplo: estude mais sobre *User Experience* (UX), que se refere às emoções e atitudes de uma pessoa em relação ao uso de um produto. O objetivo do UX é melhorar a satisfação do cliente e a lealdade por meio da utilidade, facilidade de uso e prazer proporcionados na interação com o produto ou serviço.

12. Seja profissional, mas pessoal.

Enquanto mantém um alto nível de profissionalismo, não tenha medo de mostrar sua personalidade. Isso torna sua marca mais humana e acessível.

13. Crie história e narrativa.

Conte sua história de uma maneira que ressoe com seu público. As pessoas se conectam com histórias e experiências reais. Use o *storytelling*, que é a arte de contar histórias utilizando palavras, imagens e sons para transmitir uma narrativa e engajar um público.

14. Seja visual.

Invista em um logotipo, identidade visual, fotos profissionais, cartões de visita físicos e digitais e outros materiais de marca que sejam visualmente atraentes e representem sua marca pessoal.

15. Ressignifique-se.

De nada adianta fazer tudo isso, se você não entender a causa emocional do que o impede de alcançar o sucesso em sua vida. A hipnoterapia é a ferramenta mais eficaz para entender o que o impossibilita de avançar e conquistar o seu sucesso profissional e pessoal.

Lembre-se de que construir uma marca pessoal forte é um processo contínuo que exige dedicação e esforço ao longo do tempo e cuidar da sua saúde emocional, buscar o autoconhecimento, é a principal chave.

Seja paciente e consistente e sua marca pessoal se fortalecerá.

“A maior capacidade que o ser humano tem é a capacidade da imaginação. Então, imagine o futuro que você deseja e o alcance!”

Comendador Raphael

RAQUEL SENA

Sou Raquel Sena, natural de Salvador, na Bahia/Brasil, e residente há 4 anos em Portugal, atualmente na cidade do Porto. Sou simplesmente filha, filha amada de Deus, filha da Cláudia Maria e do José Raimundo e, por criação, filha da Merenalva. Sou mulher, cristã, amiga, apaixonada pela liberdade, a liberdade de ser exatamente quem eu sou.

Sou *Master Coach*, mentora de mulheres, escritora, analista de Perfil Comportamental e palestrante e, por meio da minha transformação, hoje guio mulheres a descobrirem-se, ultrapassando bloqueios emocionais para se conectarem ao seu propósito e realizarem-se profissionalmente.

Por meio da Inteligência Emocional, superei medos, enfrentei os meus desafios e construí a vida plena que sempre sonhei ter.

euraquelsenna

+351 910222916

raquelsena2024@gmail.com

PERFORMANCE DE ELITE

17 DESBLOQUEANDO O SEU POTENCIAL: INTELIGÊNCIA EMOCIONAL PARA O SUCESSO

Por Raquel Sena

Imagine esta situação: tem um grande sonho, sonha mais que tudo em trabalhar no Instagram movido pelo desejo de empreender para conquistar a sua liberdade financeira e geográfica. Mas quando você pensa na possibilidade de gravar vídeos e aparecer, lá se vai o seu grande sonho. Você desiste e uma das frases que ecoam na sua mente é: "Isso não é para mim". Com os medos instalados e a falta de autoestima e autoconfiança, a ideia de enfrentar a possibilidade da rejeição torna-se avassaladora. Já passou por algo parecido? Querer muito fazer uma coisa, mas sentir-se paralisado e incapaz de fazer?

Essa era a minha condição há oito meses, quando não tinha autoconhecimento, não conhecia minhas emoções e nem as controlava, deixando que elas decidissem as minhas ações e reações, quando deveria ser ao contrário.

Com a falta de inteligência emocional, o medo da rejeição alimentado pela falta de autoconfiança e baixa autoestima tornou-se um obstáculo quase insuperável, que me deixava presa, numa vida estagnada, distante dos meus sonhos e sem um propósito claro.

Muito longe de uma vida de alta performance, a minha vida era limitada pelos meus medos e insegurança, distante da realização pessoal e profissional que desejava. Conhece alguém que vive assim?

Se conhece, dê um livro destes de presente para essa pessoa, porque vamos já aprender como sair dessa situação.

Se quer superar esses medos e ter uma vida de alta performance, se ainda não tem, é fundamental que desenvolva inteligência emocional. Isso significa aprender a lidar com suas emoções de forma mais consciente e construtiva, ou seja, você precisa estar ciente dos seus sentimentos e quais as reações emocionais costuma ter diante das situações que a vida lhe apresenta.

A Bíblia diz: "Mas o fruto do espírito é amor, alegria, paz, paciência, amabilidade, bondade, fidelidade, mansidão e domínio próprio. Contra essas coisas não há lei". (Gálatas 5:22-23)

Este versículo destaca a importância do domínio próprio, que é uma habilidade-chave da inteligência emocional.

Por exemplo, quando algo não sai como você espera, quais são os sinais que o seu corpo e a sua mente enviam, quais as suas sensações físicas, os seus pensamentos e impulsos? É a partir dessa consciência que pode escolher responder aos seus sentimentos e suas reações da maneira mais positiva e benéfica, tirando o seu melhor e o de todos à sua volta e, assim, conquistando excelentes resultados.

Quando temos essa consciência, também enfrentamos os desafios da vida com mais confiança e determinação. Ao escolher cultivar a inteligência emocional, escolhemos também cultivar uma relação saudável e equilibrada com os nossos sentimentos, o que nos levará a ter alta performance em todas as áreas da nossa vida.

Você já tinha parado para pensar como a inteligência emocional pode influenciar as nossas relações interpessoais e o nosso sucesso pessoal e profissional?

Segundo Daniel Goleman, renomado psicólogo e autor do *best-seller Inteligência Emocional*, essa habilidade é composta por cinco elementos-chave: autoconhecimento emocional, autocontrole, motivação, empatia e habilidades sociais.

Vamos falar um pouco sobre essas competências.

1. Autoconhecimento emocional

O primeiro passo para superar o medo é reconhecer que ele existe. Reconhecendo o medo, precisamos também reconhecer e compreender as nossas próprias emoções. Suponhamos que se sente extremamente stressado antes de uma apresentação importante no trabalho. Ao praticar o autoconhecimento emocional, você reconhece que está a sentir uma mistura de ansiedade e nervosismo. Poderia ignorar ou até mesmo sucumbir a essas emoções, mas, pelo contrário, tira um momento para refletir as razões que estão por de trás dessas emoções. Talvez esteja preocupado com o julgamento dos outros. Ao identificar essas emoções e as suas causas escondidas, consegue desenvolver estratégias para lidar com elas de forma mais eficaz. Somente quando identificamos as raízes do medo e inseguranças é que podemos enfrentá-los de forma definitiva.

2. Autocontrole

Com a inteligência emocional, conseguirá controlar os seus impulsos e reações emocionais.

Agora imagine que está numa discussão acalorada com um colega de trabalho, as suas emoções estão à flor da pele e você sente o impulso de reagir de forma violenta. Tendo o autocontrole, você apenas sentiu o impulso e não seguiu em frente, e isso acontece quando faz uma pausa por um momento antes de responder. Por mais difícil que pareça, acredite: é possível. E mesmo reconhecendo a intensidade das suas emoções no momento, você decide agir de forma consciente e intencional. Não respondendo ao seu impulso inicial, você escolhe responder calmamente, contribuindo para a solução mais construtiva do conflito.

3. Motivação

Cultivar uma motivação interior, que dependa apenas de si e não do que acontece ao seu redor ou do outro, é essencial para superar obstáculos e persistir em busca dos seus objetivos. Com certeza, já enfrentou algum desafio na sua vida pessoal ou profissional. Ou talvez já tenha recebido uma crítica severa, ou tido resultados negativos em algo. Cultivando a motivação intrínseca, você encontra a força interior para seguir em frente mesmo quando tudo parece tão difícil. E isso é possível ao estar conectado com os seus valores e tendo bem claro o seu propósito. Essa é a fonte de energia que precisa para seguir em frente quando surgir os desafios.

4. Empatia

Essa é a habilidade de verdadeiramente entender e ligar-se com as emoções do outro, o que facilita a criação de laços profundos e produtivos.

Agora imagine que um amigo próximo vem até si para compartilhar um momento de profunda tristeza por que esteja passando e está precisando de apoio. Ao praticar empatia, você irá ouvi-lo atentamente, colocando-se no lugar dele para tentar compreender as suas emoções, e oferecerá suporte emocional, demonstrando compaixão genuína. Ao conectar-se com o seu amigo a um nível emocional mais profundo, estará não apenas a ajudá-lo a passar por esse triste momento, como também estará a fortalecer o seu relacionamento.

5. Habilidades sociais

Os nossos relacionamentos fornecem-nos apoio emocional, ajudam-nos a crescer pessoal e profissionalmente e permitem também construir redes de apoio. Por isso, é fundamental aprimorar as suas habilidades sociais para que possa estabelecer relações interpessoais positivas e produtivas. Isso envolve a capacidade de comunicar-se de forma clara e assertiva, encontrar soluções positivas para conflitos e inspirar os outros em volta com a sua autenticidade e habilidades de liderança. Por exemplo, suponhamos que você está a liderar uma equipa num projeto super desafiador. Tendo essa habilidade, você comunica de forma clara assertiva com os membros da equipa, garantindo que todos entendam os seus deveres e propósito. Você também estará a criar um ambiente de trabalho colaborativo e produtivo ao demonstrar empatia e ao valorizar as contribuições de cada membro da equipa. A sua liderança será inspiradora e motivadora, o que levará a sua equipa a alcançar resultados extraordinários.

Ao cultivar, e passar a praticar, essas cinco habilidades da inteligência emocional, você estará a construir uma base sólida para superar os seus medos e alcançar os seus objetivos. Mas, devo lembrar que esse é um processo contínuo, cada passo que der na direção certa vai colocá-lo um pouco mais próximo da realização dos seus sonhos. E, para finalizarmos, é importante ressaltar como a inteligência emocional está ligada à superação de medos e à excelência no desempenho. Quando não entendemos as nossas emoções, somos impedidos de alcançar o nosso pleno potencial, muitas vezes deixando-nos estagnados pelo medo e pela insegurança. Mas, ao cultivar e praticar as competências da inteligência emocional – como autoconhecimento, autocontrole, empatia, motivação e habilidades sociais –, podemos vencer esses desafios e atingir alta performance, tendo uma vida mais realizada. Isso significa que, mesmo quando as coisas estiverem difíceis, agiremos com confiança, resiliência e determinação, alcançando resultados extraordinários. Assim, ao investirmos em aprimorar a nossa inteligência emocional, capacitamo-nos a enfrentar os nossos medos, a seguir os nossos sonhos e atingir novos horizontes de sucesso e realização tanto na vida pessoal quanto na profissional.

Sei bem como enfrentar esses medos, vivi quase toda a minha vida paralisada por eles, até que decidi enfrentá-los. Ao desenvolver a minha inteligência emocional, superei barreiras que me impediam até de sonhar. E se não podia sonhar, quanto mais realizar... Posicionei-me no Instagram, comecei a empreender, descobri o meu propósito e sou realizada profissionalmente, ajudando mulheres a fazerem o mesmo. Às vezes, penso no tanto que perderia se continuasse paralisada. O tanto que vivi e conquistei, vidas que já impactei, não poderia escrever este capítulo e contribuir para a sua transformação e evolução. Mas, graças a Deus, tomei uma decisão que mudou a minha vida, enfrentei os meus medos e até hoje continuo a enfrentá-los. Estou aqui para dizer-lhe que não importa o que esteja a aprisioná-lo hoje, deixa-o longe do seu potencial máximo. Você também pode enfrentar e vencer.

Se você sente que está pronto para dar o próximo passo para usar a inteligência emocional para ter alta performance e realizar os seus sonhos entre em contacto comigo, através do meu Instagram, pois vou disponibilizar uma sessão estratégica gratuita para os leitores desse livro. Estou ansiosa para ajudá-lo na sua transformação.

“

Mais vale morrer estando viva do que viver estando morta.

Raquel Sena

”

DTC

RIC'COACH

Ricardo Vieira, 44 anos. Naturalidade: Ponte de Lima, Viana do Castelo (Portugal). Pai orgulhoso do Mateus (RVMC), um dos principais propósitos da minha vida. *Personal trainer*, *coach* de saúde e bem-estar há mais de 21 anos, empreendedor, Club Manager.

Praticante de vários desportos, com destaque o futebol e o *fitness* como principais motores de evolução enquanto homem, desportista, académico e praticante de uma cidadania ativa, com grande foco na integração e ações de responsabilidade social. Paixões: impactar vidas, lideranças e trabalhar no meu desenvolvimento pessoal. A minha missão: ajudar pessoas a serem mais saudáveis e felizes. Valores inegociáveis: perseverança e caráter.

ricardocmvieira

yahmentalcommunity

ricardovieira@riccoach.pt

PERFORMANCE DE ELITE

18 PREPARAÇÃO FÍSICA E MENTALIDADE

Por Ric'Coach

"Eu nunca perco, ou ganho ou aprendo." (Nelson Mandela)

Por definição, **preparação física (PF)** é preparar o "físico = corpo" para um determinado fim. Isto, numa visão mais simplista dos vários conceitos que poderão ser considerados. A compreensão desta passa também por entender qual a sua aplicabilidade perante os vários estímulos a que o corpo humano poderá ser sujeito. Esses estímulos poderão ser internos, externos, de natureza competitiva ou de pura atividade de recreação e lazer.

Qual a importância que ganha a PF para o ser humano?

Em primeiro lugar, para que consigamos manter uma boa saúde e uma integridade física blindadas, evitando assim consideravelmente riscos maiores, de acidente e de lesão. Para isso, tal como o nome indica, deve haver uma preparação, um planeamento sempre em função de um objetivo com metas bem definidas.

Uma boa PF não surge de um dia para o outro, deve ser pautada por métodos, *timings* adequados e progressões, respeitando o perfil anatomofisiológico de cada indivíduo.

Todo o processo de construção de uma boa PF deverá ser realizado de acordo com os níveis em que cada um se encontra, projetando para onde se deseja apresentar, desde os atletas profissionais que deverão ser auxiliados por estruturas multidisciplinares das instituições, clubes ou associações em que estejam inseridos, ou ainda porque o ser humano também consegue competir consigo próprio. Assim, o meu mais sincero conselho é que procurem profissionais capacitados ou colegas que tenham provas dadas para que cada um possa modelar e seguir os seus passos de sucesso.

Se assim for o vosso caso, que sejam desportistas ocasionas ou amadores com cariz profissional, procurem comunidades de apoio que vos recebem como um deles e tirem partido do poder da união e da partilha.

Podemos ainda considerar alguns aspetos que distinguem PF.

PF geral, em que o sujeito é visado como um todo e trabalhado de forma global, ou ainda, encarar um desafio mais específico e assim sendo, desenvolveremos um tipo de PF específica, mais direcionada e minuciosa.

Mas, para trabalhar a PF de um indivíduo, deverá ter-se em conta muitos outros fatores que agirão de forma a influenciar a eficiência do método de treino, bem como expondo os riscos quanto à eficácia do resultado de tal método.

Hoje em dia, a humanidade enfrenta vários desafios, autênticas doenças da civilização moderna. Fatores como o *stress*, o sedentarismo e a obesidade afetam direta e indiretamente a "natureza humana". Mesmo contando com os fatores genéticos (30%), os estilos de vida saudáveis (70%) contribuem massivamente para a construção de sociedades mais prósperas, saudáveis e felizes.

Podemos, então, direcionar a nossa visão sob dois prismas completamente distintos, o da **saúde e bem-estar** e ainda o da **doença**.

Vamos direcionar a nossa abordagem pela primeira.

Nesta equação, podemos e devemos incluir o fator que poderá "desempatar" a nossa abordagem e poderá diferenciar o tipo de PF que cada um de nós poderá alcançar. Esse fator chama-se **mentalidade**.

Podemos definir mentalidade de uma forma mais simples, e assim considerá-la como uma predisposição psicológica que as pessoas (singulares ou grupo social) têm para com a origem e sequência dos pensamentos, ações e padrões de comportamento. Com isto, as atitudes mentais assumem enorme relevância, uma vez que podemos identificar pessoas com atitudes mentais fixas e ainda pessoas com atitudes mentais progressivas. As primeiras assumem-se com padrões de comportamento mais céticos, que poderão levar a resultados mais restringidos, independentemente do talento inato que cada um apresente. Ao passo que as segundas acreditam que podem sempre alterar algo que nos é apresentado. Perante estes dois pontos de vista da mentalidade, o ser humano poderá viver sem grandes avanços e resignado ao que lhe é exposto, ou sob a perspetiva de quem aproveita as oportunidades, desafia, trabalha (treina) as suas capacidades e evolui.

A nossa mente é um instrumento magnífico, se for usado como tal, de forma correta. Pode também levar-nos por campos menos claros e nessa obscuridade mental "trair-nos" e provocar danos com consequências muito destrutivas, chegando até a expor-nos perante a doença. Isto acontece quando o instrumento (mente) toma conta de nós. Tudo isto poderá acontecer, caso não tenhamos a clarividência de treinar a nossa mente.

Eis que chegamos a um conceito que está intimamente ligado a uma boa PF e a uma **mente saudável** – o **treino**: ação para o efeito de treinar. Processo de aquisição, associação e desenvolvimento de conhecimentos, habilidades e capacidades.

Estamos, neste momento, capazes de relacionar estas duas grandes disciplinas: Preparação Física e Mentalidade, por meio da seguinte citação intemporal proferida por Juvenal (poeta romano): *"mens sana in corpore sano"* = "mente sã, corpo são". Ela visa a transmitir-nos a conexão entre o poder de uma mente saudável e o resultado que um corpo poderá obter por via dessa simbiose. Esta relação permite um verdadeiro manifesto de emoções/ sentimentos (mente) com o componente físico (corpo) e, assim, possibilita gerar resultados no que respeita à qualidade de vida do ser humano, estando sempre mais perto de atingir o tão almejado equilíbrio entre a mente e o corpo.

Hoje em dia, estamos em condições de afirmar que poderemos estar mais próximos de um padrão de qualidade de vida superior, caso consigamos interligar cinco pilares essenciais em busca do binómio "estímulos vs. equilíbrios":

- nutrição (de alta qualidade);
- hidratação (de acordo com a massa corporal);
- exercício físico (treino de capacidades físicas — condicionais e coordenativas);
- descanso (adequado sono de qualidade reparador e revigorante);
- desenvolvimento pessoal, espiritualidade, meditação, religião ou qualquer *momentum*, para que possa haver conexão com nós próprios e com o Universo.

A única nota relativamente aos cinco pilares é que devemos trabalhar em todos eles com a mesma determinação.

Então, uma PF de mentalidade superior baseia-se na conjugação dos vários fatores em consonância com uma nutrição cuidada, porque, para além de sermos o que comemos, hoje em dia sabemos que somos mais além disso, somos o que absorvemos daquilo que comemos, assim, necessitamos de uma hidratação que chegue a qualquer uma das nossas células, diria mesmo que a todas. O exercício físico deverá ter o poder de elevar os vários sistemas fisiológicos e metabólicos. Devemos ter em conta a qualidade da higiene do sono reparador e revigorante.

Por último, o cuidado pessoal capaz de sustentar mentalmente todos os pontos anteriores.

Hábito e **consistência** levarão os costumes de todos nós a um nível de **disciplina** capaz de competir por qualquer meta que se seja definida.

Caro leitor, todos nós temos o poder de decidir se queremos ou não enfrentar determinado desafio, mas poucos de nós conseguiremos aguentar sólidos e firmes, no processo que nos levará até ao fim do mesmo desafio.

Só uma mentalidade forte, aberta a novos desafios, novas conquistas, conseguirá colocar o seu corpo ao dispor de uma PF capaz de vencer através de um processo que o levará até à meta desejada.

Mentalidade também se treina.

Não será propriamente a meta desejada o nosso maior sucesso, mas sim, o processo que nos levará até ela.

Alcançar uma PF desejada e ter uma mentalidade de sucesso requer treino, requer trabalhar em nós mesmos, requer estarmos cientes do meio que nos rodeia, das adversidades que se colocarão no nosso trajeto e das pontes que nos farão unir resultados. Alcançar um destino pode ser mais prazeroso ou menos, mais duro ou menos, pode ser mais consensual ou menos.

Citando Jim Rohn: "O vento das oportunidades sopra para todos por igual. É como um veleiro. Para chegar a determinado destino, não importa de onde sopra o vento, importa sim a posição em que orientamos as velas"[1].

Estamos, então, em condições de afirmar que PF e mentalidade seguem de mãos dadas no curso das nossas vidas, e cabe-nos a nós ajustarmos as velas para que os destinos possam corresponder aos mapas traçados.

1 Baseada no texto **Alinhando a posição das velas**, de Jim Rohn .

Com estas partilhas, espero apenas despertar o poder de reflexão de cada um. Dizer-vos que tudo o que a mente pensar é passível de poder acontecer. Manter uma mente em espiral positiva e pensar que com treino (repetição/evolução) poderemos trabalhar o corpo da forma que a nossa imaginação permitir e podemos alcançar até é mesmo os resultados que ainda não conseguimos imaginar.

Entre a PF e a mentalidade há, de facto, uma relação direta de "ganho-ganho", há uma relação de forças tanto maiores quanto o poder da **decisão**!

Escolher estar mais bem preparado física e psicologicamente só tem que ver com o quanto a nossa mentalidade nos liberta para obtermos uma resposta suficientemente capaz de influenciar o que será a nossa performance.

Criar uma imagem mental da nossa PF não consiste apenas na criação do pensamento, inclui as emoções, assim como todos os padrões de reações mentais e emocionais inconscientes.

"A emoção nasce no local onde a mente e o corpo se encontram. É a reação do corpo à mente – ou poderia dizer-se, um reflexo da mente no corpo." (Eckhart Tolle)[2]

A forma como determinamos estar preparados fisicamente é o resultado de um conjunto de pensamentos e emoções que nos levam a assumir com maior ou menor efusividade a crença de que também nós podemos vencer.

Vencer será sempre um produto entre pensamentos, emoções, tomadas de decisão e de uma escolha final.

Sejam determinados, decidam o vosso rumo, revelem aos quatro ventos e, com muito propósito, arranjem a melhor forma de serem mais saudáveis e felizes.

2 Baseado no livro **O poder do agora**, de Eckhart Tolle.

“Vencer será sempre um produto entre pensamentos, emoções, tomadas de decisão e de uma escolha final.”

Ric'Coach

SALETE TETA

Salete Teta Araújo, angolana e portuguesa, casada. Formada em Consultoria de Imagem Pública, no Reino Unido, *coaching* em Nutrição e *coaching* de Alta Performance Integral Sistémico pela Febracis Live Coach. Sou cristã e a minha metodologia de *coaching* é baseada em princípios bíblicos com respaldo científico, para que possamos viver o melhor de Deus. A estes métodos acrescento as ferramentas da Christian University (Flórida), que é reconhecida pelas técnicas de condução lógica, cognitiva e a de fazer perguntas certas de maneira certa, que permitem atingir grandes resultados, pois trazem o indivíduo à consciência, iluminando os lugares mais profundos e escuros do mesmo, fazendo-o ver e ouvir o que antes não conseguia.

public_image_divineservices

Salete Teta

+447586540108

sallyteta

sallyteta@hotmail.com

PERFORMANCE DE ELITE

19

A CURA DA ALMA

Por Salete Teta

Quero agradecer ao meu marido, Bruno Araújo, e, sobretudo, quero agradecer a Deus.

Vivo em Londres há mais de 22 anos e, aqui, distante da minha família, vivi os meus maiores desertos, mas também conheci o meu maior amor, o Deus de Abraão. Falar sobre a cura da alma é claramente falar sobre mim. Precisaria de vários capítulos para falar sobre os meus desertos com detalhes. Acredita, caro leitor, sou a prova viva do processo da cura da alma. Ao leres este capítulo, entenderás porque me refiro a um processo e não a uma cura definitiva. Na altura, por causa dos problemas de documentação, fiquei impossibilitada de estudar, trabalhar e até de enterrar o meu pai e a minha sobrinha, que é minha filha, pois, dentro dos valores que carrego, os filhos dos meus irmãos são meus filhos. Sem contar com as várias cirurgias pelas quais passei longe da minha família. Mas ainda assim vivi, como diz a palavra do Senhor em Mateus 6:28, "como as flores do lírio nunca me faltou pão, água e o teto".

Vivo de uma promessa de Deus de ser mãe de filhos genéticos há 20 anos e, acreditem, estar na posição de espera não é fácil, principalmente quando a espera é longa. Em relação ao meu casamento, estando distante de toda a minha família e passando por todos os desertos aqui citados, na minha perceção o meu parceiro, agora marido, era o meu porto seguro, mas para minha surpresa também tive aflições. Agora imaginem passar por tudo isso ao mesmo tempo e, onde acreditava que encontraria paz, encontrei outros desafios. Sei bem o que é ter uma alma doente, tudo o que escrevo foi um processo que vivi, vivo e posso dizer-lhes o quão bom é ter uma alma curada. Na vida, tudo é uma questão de escolhas e escolhi ser curada. Não é fácil, por várias vezes quis desistir, mas o Pai não permitiu, Ele fez-me ver, ouvir, sentir e viver grandes coisas para me demonstrar o seu amor e presença. Hoje eu vivo uma metamorfose, e estar hoje a escrever aqui é a prova viva disso.

Para um bom entendimento sobre a cura da alma, é necessário saber que o ser humano é feito de corpo, alma e espírito (1 Tessalonicenses 5:23).

Corpo: é a matéria que morre e volta para a terra, ou seja, para o pó. É também chamado de templo do Espírito do Santo.

Alma: é o que anima uma dimensão do corpo, e que na ausência do corpo é recolhida.

Espírito: é a essência de Deus em nós, onde se ouve e fala com Deus noutra dimensão e pela fé. O espírito é a potência maior da alma, não morre.

A alma é a fonte das nossas emoções, pensamentos, vontades e lembranças. A porta da entrada para a alma são os olhos, os ouvidos e a boca. Por isso, devemos ter cuidado com o que vemos, ouvimos e falamos. Relativamente a este tema, existem duas crenças: os tricotomistas, que acreditam que o corpo é dividido em três partes (corpo, alma e espírito) e os dicotomistas, que acreditam que o corpo é dividido em duas partes (corpo e espírito-alma). Para estes, espírito é sinónimo de alma. Hoje, a ciência reconhece que a alma existe, a teoria quântica da consciência revela que as almas estão contidas dentro de estruturas chamadas de microtúbulos que vivem dentro de células do cérebro humano. O médico Stuart Hameroff e o físico sir Roger Penrose afirmaram que cérebro é um computador biológico com 100 bilhões de neurónios, que agem como redes de informação, comprovando que ninguém pode ter uma vida saudável se não tiver uma mente saudável. Precisamos curar a nossa mente para poder curar a nossa alma, porque elas estão interligadas. O cérebro é um órgão físico que nos permite pensar e formar sinapses por meio da ligação de neurónios. Por este motivo, afirmamos que a alma é controlada pelo que o cérebro faz (Romanos 12:2). Para esse processo, devemos pensar em coisas boas, porque o que pensamos afeta a nossa alma, as nossas ações e os resultados da nossa vida, sejam eles positivos ou negativos (Filipenses 4:8). Pensamentos provocam sentimentos e estes provocam ações. A alma doente é o que permite à carne falar mais alto que o espírito e origina uma falta de habilidade para controlar o fluxo e a qualidade de pensamentos.

Quando a nossa mente está confusa e desequilibrada, as consequências são drásticas. Os redemoinhos de pensamentos acelerados criam emoções e sentimentos tóxicos, provocando distúrbios e doenças físicas e mentais. 80% dos cancros são provocados por problemas da mente-alma. Uma alma doente enfraquece o sistema imunológico, suga a energia, o ânimo, a força e a esperança de planear e sonhar com um futuro, passamos a viver de agonia e sofrimento, destruindo as relações interpessoais. Segundo as pesquisas, hoje o maior mal do século são as doenças da alma. Existem vários fatores que podem causar doença na alma, nomeadamente: doenças, perda de um ente querido, problemas familiares e afetivos, problemas sociais e financeiros, traições, separações, falta de perdão, fé e de um relacionamento com Deus. Os principais sintomas e características de uma alma doente são: medo, raiva, insegurança, culpa, ódio, murmuração, envelhecimento precoce, casamentos e filhos destruídos, solidão, falta de empatia, problemas em relacionar-se, ciúmes, inseguranças, orgulho, arrogância, pobreza, escassez e estagnação. Reflete sobre isso, pois a responsabilidade de mudar a tua vida é tua e de mais ninguém. Tu és o único responsável pelos teus sentimentos, decisões e comportamentos. Acredita, tu mereces ser amado e amar. Muitas das nossas doenças da alma vêm do nosso seio familiar, onde crescemos, onde fomos educados, que valores nos foram passados sobre nós e os outros e o relacionamento dos nossos pais. A boa nova é que tu podes mudar isso deixando de:

Reclamar: a neurociência diz que se tu reclamares ou ficar 30 minutos ao lado de alguém reclamando, destróis três áreas do teu cérebro: capacidade cognitiva, capacidade de tomar decisão e a tua mente, levando cinco horas para o teu corpo desintoxicar da cortisona.

Ciúmes por excesso: são pessoas com problemas de rejeição muito profundos, normalmente têm dificuldade de relacionar-se com Deus, porque a sua atenção está na outra pessoa. Por essa razão não conseguem ver o que Deus está a fazer na sua vida.

O processo de cura possui cinco etapas:

1. Tomada de consciência e responsabilidade: enquanto não aprendermos a assumir a responsabilidade pelos nossos atos, não vamos conseguir mudar o rumo da nossa vida. É como uma doença, uma ferida ou um sentimento que fica dentro de nós e, com o passar do tempo, vai-nos consumindo. Se nós não conseguirmos expor, não tem como haver cura.

À semelhança de um médico que, mesmo sabendo que a hora do parto chegou, faz perguntas à gestante, a fim de perceber quais são os sintomas para, então, poder ajudá-la e orientá-la no processo, devemos também ser assim, assumir a responsabilidade e falar para que sejamos curados.

2. Deus conhece o teu íntimo: Ele conhece-nos melhor que nós mesmos e é o único que nos pode dar o Espírito Santo, que nos vai conduzir a lugares e pessoas certas para nos ajudarem no processo. Uma alma em processo de cura tem de estar em submissão ao espírito (Romanos 8:5-7).

Só uma alma submissa ao Espírito Santo consegue entender a vontade de Deus para a sua vida, pois não existe restruturação de alma sem obediência ao espírito. O cérebro é um instrumento poderoso, ele pensa por si próprio e tem de ser transformado e submetido pelo Espírito Santo. Não é possível que nos curemos sozinhos, porque somos seres espirituais.

3. Procure um terapeuta ou *coach*: a doença e as causas podem estar enraizadas e, nestes casos, é necessária a ajuda de um profissional para diagnosticar, ajudar a identificar e tratar, pois a nossa mente cria por si mesma fortalezas. A boa nova é que Jesus veio para quebrar toda a fortaleza. Para isso é necessário fazermos a nossa parte, criando pensamentos e comportamentos positivos. Acabamos por esquecer tudo o que deixamos de fazer ou usar por muito tempo, por isso devemos deixar os pensamentos e comportamentos negativos a fim de esquecê-los. Ninguém consegue evitar pensamentos negativos o tempo todo, mas aceitá-los depende de nós.

4. Frequentar uma igreja: Jesus estabeleceu a sua igreja quando esteve na terra e ali havia transformação e cura de almas e espíritos. Por isso, acredito que a igreja, o *coaching* e a terapia devem trabalhar em conjunto para a cura de almas, obedecendo a princípios bíblicos. Deus diz que somos uma casa em construção e que a glória da segunda casa será maior do que a da primeira. Nisto podemos ver que aquele que acredita que já não precisa melhorar em nada, na verdade está estagnado e fora da visão de Deus, pois abandonou a sua obra.

5. Mudanças: para toda a cura são necessárias mudanças. Por exemplo, se fores diagnosticado com um problema no coração, para que consigas atingir a cura, terás de mudar de hábitos como alimentação, a prática de exercício físico, as horas de sono e muitas outras coisas que, no final, vão mudar a tua rotina. É como tudo na vida. Se queremos curar-nos ou mudar, temos de abandonar os velhos hábitos e adquirir novos, que nos ajudem a transformação.

Características e sinais que nos permitem identificar uma alma curada: saúde espiritual e material, alegria, compaixão, amor ao próximo, paz, intimidade com Deus, gratidão, prosperidade em todas as áreas da sua vida, casamento e filhos saudáveis mental e espiritualmente. A gratidão é um antídoto emocional capaz de mudar a vida das pessoas, pois elas, por serem gratas, possuem emoções positivas, são capazes de lidar com mais eficácia com o stress diário e têm a recuperação mais rápida de doenças físicas. Pessoas gratas são pessoas mais alegres e corajosas, são rápidas em perdoar, têm amor-próprio e longevidade. Ter bons sentimentos é uma das maiores qualidades de um ser humano. O amor e a felicidade são sentimentos que possuímos desde que nascemos, precisamos apenas ativá-los. Comece hoje, seja grato, celebre a vida, aprenda a servir e fazer diferença na vida dos outros, ponha em prática tudo que leu aqui e transforme o seu estilo de vida. Agora convido-o a fazer uma aliança com Deus.

Pai, eu entrego a minha vida em Ti, ajuda-me a obedecer a Tua palavra. Pai, eu preciso de Ti, coloca as pessoas certas para me ajudar neste processo. Amém.

“Tira a máscara que existe em ti e encontrarás a cura.”

Salete Teta

SERGIO QUEISSADA

Sou Sergio Queissada e resido em Portugal, com a minha esposa, Ana Tenório. Somos casados há 26 anos, tenho quatro filhos (Rodrigo, Lucas, Júlia e Bárbara). Filho de Lindalva e Sergio, apaixonado por pessoas, Desenvolvimento Humano e Neurociência.

Sou *Master Coach* pela Florida Christian University, analista comportamental, *Coach Business and Life*, hipnólogo, publicitário, criador do método Incontroláveis, CEO do Instituto Ahavah e colaborador da Associação Tais Iguais. Tenho mais de 3 mil horas de atendimentos individuais e mais de 10 mil horas de treino em grupos, presencialmente e *on-line*, contribuindo desta forma para a vida de pessoas em três países diferentes e em dois continentes.

sergio.queissada

+351 911 141 187

Sergio Queissada

sergio.queissadacoach@gmail.com

PERFORMANCE DE ELITE

20 O PODER DO FOCO COM PRODUTIVIDADE MÁXIMA

Por Sergio Queissada

Vivemos aquilo que toleramos

Maria, uma mulher de 40 anos, é um exemplo vivo da típica batalha entre responsabilidades familiares e a busca por autorrealização. Casada e mãe de dois filhos, a sua vida gira em torno das exigências incessantes do trabalho, da casa e da família.

Na juventude, Maria tinha vários sonhos, mas, ao longo dos anos, estes foram gradualmente sacrificados em prol das necessidades da sua família e do seu papel como esposa, mãe e comercial de uma grande empresa.

À medida que os anos passavam, a sua saúde física começou a sofrer devido ao *stress* constante e à falta de autocuidado. Ela vê-se a lutar contra a exaustão crónica, problemas de sono, sintomas de ansiedade e depressão. O relacionamento de Maria com a sua família também começou a ter problemas, a constante pressão e o *stress* resultaram em conflitos mais frequentes com o seu cônjuge e filhos, deixando-a a sentir-se culpada, perguntando-se se está realmente a dar o melhor de si para a sua família ou se está apenas a tentar sobreviver ao dia a dia. Os seus sonhos e o seu propósito parecem cada vez mais distantes, ela pergunta-se se algum dia terá tempo e foco para vivê-los de verdade.

Ao longo destes anos, já conheci diversas Marias, Jorges, Ritas, Paulos e muitas outras pessoas com histórias semelhantes, onde os sonhos estavam engavetados, onde uma rotina desenfreada, mal planeada e uma perda da própria identidade drenavam toda a sua energia e foco, esquecendo-se de si mesma, na maioria das vezes fazendo de tudo por todos, menos pela própria pessoa, esquecendo-se assim um dos maiores ensinamentos de Deus: **"Amarás o teu próximo como a ti mesmo"** (Mateus 22:39).

Sergio Queissada

Foco é poder

Já fui uma dessas pessoas, via-me constantemente a lutar para manter o equilíbrio entre as minhas diversas responsabilidades, tanto pessoais quanto profissionais. Estava sempre a correr de uma tarefa para outra, sentindo-me sobrecarregado, os meus relacionamentos eram superficiais, pois nunca estava onde deveria estar, trabalhava cada vez mais, confundia produtividade com o estar ocupado. Tudo mudou quando decidi priorizar o desenvolvimento das habilidades de foco e produtividade. Percebi que, para alcançar a verdadeira alta performance na minha vida, precisava aprender a direcionar a minha atenção de forma mais eficaz e a gerenciar o meu tempo de maneira mais estratégica.

Comecei a minha jornada aprimorando a minha inteligência emocional e espiritual, estudando técnicas de gestão de tempo, aprendendo sobre planeamento e estabelecendo metas claras. Ao mesmo tempo, mergulhei na minha essência, resgatei a minha identidade, tive clareza da minha vida atual e defini o que queria para o futuro.

Descobri que, ao aplicar as técnicas e estratégias que aprendi, era capaz de manter a minha atenção por períodos mais longos e de realizar minhas tarefas com maior eficiência, a minha produtividade aumentou e comecei a alcançar os meus objetivos. Tornei-me mais presente nos meus relacionamentos, mais ligado nas minhas paixões, consciente do meu propósito, da minha missão, dos meus sonhos, das minhas necessidades e dos meus valores.

Foco: o que é e qual o seu poder?

O foco é uma habilidade mental essencial para termos apenas um objetivo específico ao mesmo tempo que ignoramos todos os outros. É gerador de uma fonte de energia poderosa que nos permite ter uma atenção seletiva em uma tarefa, excluindo distrações, superando obstáculos, resolvendo problemas com eficácia e mantendo uma concentração intensa, para alcançarmos a excelência, a eficiência e o sucesso, com resultados notáveis em qualquer área da nossa vida. O foco é uma habilidade que requer treino constante.

Inimigos do foco

Os grandes inimigos são as distrações, e existem dois tipos principais: as distrações sensoriais e as emocionais.

As distrações sensoriais manifestam-se por meio dos nossos sentidos, como visão, audição, tato, olfato e paladar. Podem ser tão simples quanto ver as mensagens no telemóvel, ouvir o telefone a tocar, sentir o cheiro de um perfume forte e tomar um café. Esses estímulos competem pela nossa atenção, desviando-nos do que realmente importa. A constante presença dessas distrações sensoriais pode dificultar a imersão profunda numa tarefa, resultando numa produtividade reduzida, com resultados ínfimos e uma sensação de frustração. Podemos eliminar boa parte das distrações sensoriais introduzindo novos comportamentos e hábitos, pois muitas das situações estão dentro do nosso controle e as que não estão devemos aprender a gerir.

As distrações emocionais impactam de forma clara na nossa capacidade de focar, pois 99% das nossas decisões são emocionais. Assim, essas distrações têm o poder de mudar a nossa perceção de lugar e alterar a nossa energia. As emoções, sejam elas positivas ou negativas, têm o poder de nos envolver e consumir, tirando a nossa atenção das tarefas em mãos. Preocupações, ansiedades, *stress* e até mesmo alegrias intensas podem distrair-nos.

Os quatro tipos de foco

Existem quatro tipos de foco que podemos definir numa única palavra: **VIDA** – **v**isão, **i**mersão, **d**iário e **al**ternado.

O **foco visionário** envolve a capacidade de manter a visão em mente do que queremos concretizar e viver, de facto, uma compreensão clara dos valores, propósitos e sonhos que carregamos, mesmo quando enfrentamos obstáculos e dores emocionais.

O **foco imersivo** é a habilidade de estar completamente no momento presente, permite-nos mergulhar profundamente numa tarefa ou atividade, dedicando toda a nossa atenção e energia nela, entrando num estado de fluxo, onde estamos completamente absorvidos pelo que estamos a fazer.

O **foco diário** é a habilidade de manter a atenção e a energia direcionadas para uma meta ou tarefa específica ao longo do tempo de forma consistente. É muito fácil distrair-se com as exigências do dia a dia, as preocupações e as tentações que surgem no nosso caminho.

O **foco alternado** é uma habilidade valiosa que nos permite alternar a nossa atenção entre diferentes tarefas ou atividades de maneira eficiente e eficaz, no nosso dia, é a capacidade de direcionar a nossa atenção de forma flexível e adaptável, extremamente essencial para lidar com as complexidades da vida.

Sete passos da nutrição focal

1) Alimentação saudável; 2) hidratação; 3) exercício físico regular; 4) descanso reparador; 5) gestão do *stress*; 6) intervalos regulares; e 7) definição de metas.

Produtividade máxima

Produtividade é a habilidade de trabalhar de maneira mais inteligente, com maior qualidade e eficiência, tendo maiores resultados em menos tempo. Isso pode envolver o uso de tecnologia, automação de tarefas repetitivas, treino e desenvolvimento de habilidades, organização eficiente do tempo, planeamento e estabelecer metas claras e alcançáveis. **Produtividade máxima é fazer cada vez mais com menos, alcançando os objetivos de forma mais eficiente e equilibrada entre a vida pessoal, profissional e o amor-próprio.**

Produtivo x ocupado

Num pequeno vilarejo, tinha chegado recentemente um ***Jovem Lenhador*** *que se considerava o melhor de todos, mas para todos que viviam no vilarejo o melhor de todos era um* ***Velho Lenhado****r que já morava neste vilarejo há muitos anos. Um dia o* ***Jovem*** *resolveu desafiar o* ***Velho*** *para uma competição, ele queria provar que era o melhor, então combinaram que durante um dia eles iriam ver quem conseguiria cortar mais árvores. No dia combinado cada um foi para uma região da floresta e às 8h em ponto iniciou a competição. O* ***Jovem*** *começou com todo o gás e energia, ele conseguia ouvir as batidas do* ***Velho*** *ao longe. Depois de apenas duas horas de trabalho o* ***Jovem*** *percebeu que as batidas do machado do* ***Velho*** *tinham parado, por isso ele colocou mais energia em fazer o que estava a fazer. Depois de 30 minutos ele percebeu que o* ***Velho*** *começou a cortar de novo, percebeu que durante o dia isso ocorreu mais cinco vezes, com isso ao final do dia o* ***Jovem*** *tinha certeza da sua vitória. Afinal de contas, ele trabalhou sem parar, o que isso lhe dava a vantagem de pelo menos 3 horas a mais de trabalho. Ao encontrar o* ***Velho****, o* ***Jovem*** *ficou surpreso ao ver que o* ***Velho*** *tinha cortado quase o dobro de árvores que ele, ficou indignado e sem saber o que tinha acontecido. Então, o* ***Jovem*** *perguntou ao* ***Velho*** *como era isso possível, pois durante o dia ele não tinha parado* *uma única vez e o* ***Velho*** *respondeu-lhe* ***que, todas as vezes que ele parou, foi para afiar o machado, com ele afiado produzia muito mais do que com o machado já sem corte, pelo seu uso constante.*** *A pergunta que fica é: no seu dia a dia, você está a parar para afiar o seu machado, e com isso* ***produzir*** *mais, ou apenas se mantém* ***ocupado*** *batendo sem parar, com um machado que já não corta com tanta eficiência?*

Sete passos para desenvolver a produtividade

1) Estabeleça indicadores para as metas e objetivos; 2) faça a gestão de tempo; 3) treine o seu foco e a sua concentração; 4) desenvolva estratégias de organização e planeamento; 5) faça nutrição emocional, física e espiritual; 6) faça a gestão das emoções; e 7) busque a melhoria contínua.

Não sou seu *coach*

Talvez ainda não, mas como *coach* de Alta Performance, compartilho a minha jornada de transformação com pessoas que desejam alcançar resultados semelhantes em suas vidas. Por meio dos meus treinos, palestras e atendimentos individuais, nos quais ensino técnicas comprovadas que ajudam os meus clientes a dominar o poder do foco e da produtividade, capacitando-os a alcançarem seus objetivos mais ousados e a viverem uma vida abundante. A minha história é a dos meus clientes são um verdadeiro testemunho de como é possível com o poder do foco e da produtividade máxima alcançarmos a excelência em todas as áreas das nossas vidas. Espero ter contribuído de alguma forma com a sua jornada, pois todos nós merecemos viver os nossos sonhos.

Caso queira ser uma dessas pessoas que tirou os sonhos da gaveta e começou a vivê-los, entre em contacto comigo. Vou fazer um pedido, quando terminar este capítulo, envie uma mensagem dizendo: **"Decido hoje amar-me de verdade e viver todos os meus sonhos".**

Gratidão e grande abraço.

"Onde colocamos o foco, geramos energia, essa cria o movimento, que gera novos resultados, que fortalecem as novas crenças da sua nova versão."

Sergio Queissada

TEREZA MOURA

Sou Tereza Moura, natural do Rio de Janeiro/RJ, resido no Porto/Portugal, sou divorciada, mãe de duas filhas, Paula Parnahyba e Julia Parnahyba, e avó de Gabriel e Mariana.

Sou mentora de Produtividade, *Master Coach*, tecnóloga em Gestão Empresarial e especialista em Pedagogia Empresarial, empreendedora, criadora do Método MOVE de Produtividade e do *Planner* Faz Acontecer. Acumulei mais de 4 mil horas de atendimentos individuais e em grupo, guiando mentorandos no Brasil e em Portugal.

Também sou instrutora *on-line* certificada pelo DGERT em Portugal. Superei grandes desafios e provei que é possível alcançar o nosso propósito, com organização, autoconhecimento, planejamento, disciplina e muita determinação.

terezamouracoach

terezamouracoach

https://terezamoura.com

comunica@terezamoura.com

PERFORMANCE DE ELITE

21

GESTÃO DE TEMPO PARA ALTA PERFORMANCE

Por Tereza Moura

Ao longo da minha trajetória pessoal e profissional, perante a rotina entre casa, trabalho, filhas e estudos, aprendi que o tempo é a moeda da vida, e como a investimos determina o nosso sucesso e a nossa realização pessoal e profissional. São sempre as mesmas 24 horas, que, no entanto, muitas vezes pensamos não ser suficientes. Então, como algumas pessoas têm mais realizações, conseguem alcançar mais coisas e outras não? Elas não têm superpoderes nem um clone seu para ajudar. Mas elas possuem a capacidade de distinguir as suas prioridades e organizar a sua vida em torno destas. Quando alguém diz não ter tempo para algo, está, na verdade, a dizer que as coisas pelas quais está a dedicar o seu tempo naquele momento são mais importantes. Pense no que gostaria de fazer se "tivesse mais tempo": fazer uma atividade física, estar mais com a sua família, ler um livro, passear... O quanto essas coisas são realmente importantes para você? Tempo é questão de prioridade. Se não está a viver a vida que deseja, é porque ainda não vive de acordo com as suas prioridades.

A tecnologia, embora tenha trazido inúmeros benefícios para as nossas vidas, também trouxe uma série de desafios, especialmente quando se trata de alcançar a alta performance e ter tempo de qualidade. A invasão constante de alertas e notificações nos nossos *smartphones* é um desses desafios, que pode prejudicar significativamente a nossa capacidade de concentração, foco e produtividade. Essas interrupções constantes não apenas diminuem a nossa eficiência e produtividade, como também comprometem a qualidade de nosso trabalho e o tempo que dedicamos a atividades realmente significativas e gratificantes. Quando estamos constantemente distraídos e sobrecarregados com a procura pela nossa atenção, é difícil encontrar espaço para o pensamento profundo, a reflexão e a criatividade – elementos essenciais para alcançar a alta performance em qualquer área de atuação.

A alta performance é um estado de excelência e realização, em que uma pessoa ou uma organização atinge resultados excecionais e consistentes nas suas atividades e objetivos. É caracterizada pelo desempenho superior, eficácia, eficiência e produtividade em todas as áreas relevantes da vida ou do trabalho. Na esfera pessoal, a alta performance pode manifestar-se como a capacidade de alcançar metas desafiadoras, manter hábitos saudáveis, gerenciar o tempo de forma eficaz, cultivar relacionamentos positivos e desenvolver habilidades de autorregulação emocional. No contexto profissional, a alta performance pode traduzir-se num desempenho excecional no trabalho, alcançando ou superando as metas estabelecidas, demonstrando habilidades de liderança, colaboração e resolução de problemas, e contribuindo de forma significativa para o sucesso da equipa ou da organização. Em resumo, alta performance é sobre procurar constantemente a excelência em todas as áreas da vida, desafiando-se a alcançar o máximo potencial e superando obstáculos para alcançar resultados extraordinários e significativos.

Como alcançar a alta performance? Para ter alta performance, é necessário que três elementos-chave funcionem juntos. O primeiro deles é a **mentalidade adequada**. Isso significa cultivar uma mentalidade de crescimento, na qual encaramos desafios como oportunidades de aprendizagem e crescimento pessoal. Devemos treinar a nossa mente para focar no positivo, desenvolver uma atitude resiliente diante das adversidades e manter o foco em nossos objetivos de longo prazo. O segundo aspeto crucial é a **definição de planos alinhados com nossos objetivos**. Isso envolve estabelecer metas claras e específicas, desenvolver um plano de ação detalhado e priorizar as nossas atividades de acordo com o impacto que têm em nossos objetivos. Devemos dedicar tempo para rever e ajustar os nossos planos regularmente, garantindo que permaneçam relevantes e eficazes à medida que avançamos na nossa jornada. Por fim, mas não menos importante, é essencial **implementar um sistema eficaz de execução e proteção dos nossos planos**. Isso significa desenvolver habilidades de gestão do tempo, definir limites claros para o tempo gasto em atividades não essenciais e criar um ambiente de trabalho livre de distrações. Devemos também aprender a delegar tarefas quando necessário e priorizar nossas atividades de acordo com a sua importância e urgência.

A gestão do tempo, portanto, é um componente vital para alcançar a alta performance em todas as áreas da vida. Trata-se do processo estratégico de planear, organizar e controlar o tempo dedicado a diversas atividades e metas, visando otimizar a eficiência e a realização de objetivos de maneira excecional. Ao incorporar a gestão do tempo nas suas práticas diárias, indivíduos e organizações podem maximizar a sua produtividade e desempenho, concentrando-se nas tarefas que trazem maior impacto e valor. Isso implica identificar e priorizar atividades essenciais, estabelecer metas claras e realistas, e criar uma agenda estruturada que permita o uso eficiente do tempo disponível. Além disso, a gestão do tempo é fundamental para lidar com desafios e pressões do ambiente de trabalho, mantendo o foco nas metas de longo prazo e evitando distrações ou desperdícios de tempo em tarefas secundárias. Isso promove um ambiente de trabalho mais eficaz e uma cultura de excelência, onde a alta performance é incentivada e recompensada.

Portanto, para alcançar a alta performance, é primordial desenvolver habilidades essenciais de gestão do tempo, e o ponto de partida é investigar como está a sua vida neste momento. Muitas vezes, temos a tendência de dizer que a vida está má, quando na verdade uma ou outra área não estão a ter os resultados que desejamos. Então, para ajudar a ganhar um pouco mais de clareza e assertividade nessa resposta, quero propor um exercício para ajudar a identificar como está o seu nível de satisfação com os resultados da sua vida em cada uma das seguintes áreas: saúde e disposição, desenvolvimento intelectual, equilíbrio emocional, realização e propósito, recursos financeiros, contribuição social, família, relacionamento amoroso, vida social, hóbis e diversão, plenitude e felicidade, e espiritualidade.

Olhe para todas essas áreas e atribua uma nota de 0 a 10 para cada uma delas, sendo que 0 é nada satisfeito e 10 é totalmente satisfeito. Depois, identifique qual dessas áreas que, ao receber um pouco mais de foco, irá influenciar positivamente um maior número de outras áreas. Agora, já percebeu que talvez a sua vida não esteja tão má como pensava e que basta concentrar seus esforços em ações que irão aumentar os resultados nessa área para que todas as outras áreas comecem a melhorar.

Agora que você já mapeou as suas áreas, perceba o seu momento atual, onde você está: a sua vida pessoal, a sua vida profissional, os seus relacionamentos e a sua qualidade de vida, esse é o seu ponto de partida. Entretanto, se desejamos sair de onde estamos e alcançar um outro patamar, é necessário ter clareza de onde queremos chegar. Como será esse lugar? O que estaremos a viver? Qual o nosso objetivo? Quando queremos que isso aconteça? Ao responder a essas questões, já tem definidos o seu ponto de partida (ponto A) e o seu destino (ponto B). Mas como fazer para chegar lá? O caminho que é preciso percorrer são as ações necessárias, os passos que dará mês após mês, semana após semana, dia após dia, até alcançar o seu objetivo final. E, para obter resultados realmente satisfatórios, é fundamental ter um plano que garanta a consistência das ações e proteja a sua vida das distrações. Isso vai depender da gestão eficaz que fará do seu tempo.

Antes de apresentar a metodologia que desenvolvi e que já transformou a vida de dezenas de pessoas, quero dizer que não acredito em aplicativos fantásticos e mirabolantes sem que seu usuário antes possua hábitos produtivos. E, portanto, sou defensora do desenvolvimento de uma mente produtiva para que haja sucesso na produtividade pessoal.

Em 1999, participei pela primeira vez num curso de gestão do tempo, ministrado pela empresa de Steven Covey no Rio de Janeiro. Um divisor de águas na vinha vida. Recebi de brinde o livro *O que mais importa, o poder de viver seus valores*, de Hyrum W. Smith, que mudou a minha mente de forma radical. O autor ensina uma metodologia baseada numa pirâmide cuja base é descobrir os nossos papéis, valores e missão pessoal, a seguir vem a etapa do **planeamento**, tendo no topo a **ação**. Essa aprendizagem transformou e solidificou outras aprendizagens que tinha tido na área da religião e da espiritualidade. Entretanto, sentia a falta de algo muito importante que fazia parte de mim e que eu percebia como básico na vida: a **organização**.

Tereza Moura

Vinte anos mais tarde, após algumas formações em produtividade, decidi criar o meu próprio método, chamado **MOVE – Método para uma Vida Extraordinária**. Ele se baseia numa pirâmide que possui quatro etapas: na base a **organização**, acima o **autoconhecimento**, a seguir o **planeamento** e no topo a **ação**. Em cada etapa ensino conceitos, estratégias e atividades para desenvolver e aperfeiçoar aquele tema, que fundamenta e serve de base para a etapa seguinte. O que justifica essa hierarquia é o facto de hoje vivermos a total inversão dessa pirâmide, onde muitas pessoas estão agindo, na vida, sem nenhum tipo de critério, sem ter nenhum planeamento, sem conhecer os seus valores, a sua missão, os seus objetivos, e com a vida completamente desorganizada.

Quero concluir dizendo que, se deseja ter a sua vida extraordinária, é preciso organizar os seus pensamentos e o seu entorno, antes de descobrir quem você é e onde quer chegar. A partir daí, sim, é possível fazer um planeamento a curto, médio e longo prazos, para agir com consistência, sabendo delegar, aprendendo a dizer não, evitando as distrações e mantendo o foco nas suas prioridades. Como você está a administrar o seu tempo para alcançar a sua **vida extraordinária**? Digo sempre que, sozinho, você até chega lá, mas juntos vamos mais rápido e chegamos mais longe. Vamos juntos organizar o seu tempo e alcançar a sua vida extraordinária!

“O tempo é a moeda da vida, e como a investimos determina o nosso sucesso e a nossa realização pessoal e profissional.”

Tereza Moura

WANIA AUGUSTA

Wania Augusta, nascida em Goiânia/GO, orgulhosa dos pais e irmãos, casada com meu amor Miguel Santamaria, resido em Indaiatuba/SP.

Graduada em Marketing e Psicologia, atuo na Psicologia há 15 anos e sou pós-graduada em Psicologia Analítica. Meu atendimento é *on-line*, para adolescentes, adultos e família.

Ministro palestras no Brasil e em Portugal, com os temas relacionados à orientação aos pais na educação dos filhos, depressão, ansiedade e prevenção ao suicídio etc. Autora da cartilha *Orientação aos pais na educação dos filhos*.

Tenho artigos escritos em jornais, revistas e sites no Brasil, também participei de programas no SBT, na Record e na TV Alesp.

psicologa_wania_augusta_

Psicóloga Wania Augusta

Wania Augusta Ferr

waniaaugusta1@gmail.com

22 SENTIMENTOS QUE PREJUDICAM A VIDA PESSOAL E PROFISSIONAL

Por Wania Augusta

A psicologia desempenha um papel fundamental no entendimento do sofrimento humano, buscando compreender as motivações, emoções e pensamentos que influenciam as ações das pessoas. Os profissionais são capazes de acolher os pacientes em um espaço aconchegante, para que possam compartilhar suas angústias, medos e preocupações. Muitas vezes, os pacientes chegam ao consultório carregando um peso enorme em seus ombros, fruto de um orgulho negativo que os aprisiona e os impede de viver plenamente. O orgulho negativo pode se manifestar de diversas formas, como a dificuldade em pedir ajuda, a resistência em admitir erros ou a necessidade de sempre parecer forte e invulnerável.

Identificando os sentimentos

Nos atendimentos, identifiquei o quanto os pacientes sofrem com os sentimentos do orgulho negativo. Muitas vezes, ele aparece quando tais pacientes esbarram na dor, mágoa e raiva que ficaram estabelecidas em seu inconsciente e eles se tornam reféns destes sentimentos, que desencadeiam os outros, como falta de respeito, egoísmo, prepotência, arrogância, ansiedade, frustração, apego e controle. Testemunhei muito sofrimento vivido pelos pacientes.

Raízes do orgulho

O orgulho positivo e negativo têm sua raiz na família, e o conhecimento sobre este sentimento é apresentado aos filhos na dinâmica familiar.

Orgulho positivo: os pais desempenham um papel fundamental ao incentivar seus filhos a se orgulharem de suas realizações, por menores que sejam. Elogios sinceros e incentivos positivos ajudam a construir a autoestima das crianças. Além disso, é importante que os pais sirvam de exemplo, demonstrando orgulho por suas próprias conquistas e superações. Ao mostrar às crianças que se orgulhar das qualidades é um sentimento saudável e positivo, os pais ajudam a desenvolver uma atitude positiva em relação a elas mesmas, tornando-as mais confiantes e capazes de enfrentar desafios.

Orgulho negativo: as famílias atentas às necessidades emocionais de seus filhos têm o tema do orgulho negativo abordado de forma constante. Por meio de conversas sinceras e exemplos práticos, as crianças são incentivadas a reconhecerem os momentos em que o orgulho negativo excessivo pode prejudicar suas relações com amigos, primos e as tornam adultos com problemas de relacionamento pessoal e profissional.

O orgulho negativo aparece em várias situações, uma delas destaco como exemplo: uma pessoa tímida carrega orgulho. É estranho dizer isso, mas pessoa tímida não fala em público por medo de ser julgada e preocupada com que o outro pode pensar na fala errada. O indivíduo que carrega consigo esse tipo de orgulho tem dificuldade em reconhecer suas falhas e limitações, o que o impede de buscar ajuda, aprender com os erros e evoluir. Essa postura orgulhosa acaba por manter o indivíduo preso em padrões de comportamento e pensamentos rígidos, dificultando seu crescimento e desenvolvimento pessoal.

O inconsciente guarda memórias que afetam as atitudes e podem vir carregadas com falas e sentimentos que machucam e magoam o próximo, como um acontecimento que ficou marcado na história de vida. Por exemplo: uma criança que se sentiu excluída entre os irmãos, eles a desdenhavam e a diminuíam, então ela se tornará um adulto com essas marcas no inconsciente. Quando surge um momento onde aparece uma situação parecida, algo dói, a pessoa descarrega a sua marca com sentimento de arrogância e acaba ofendendo com palavras agressivas.

Os sentimentos na adolescência

Durante a adolescência, é comum passar por momentos desafiadores, devido às transformações que ocorrem nessa fase. A necessidade de se enturmar, fazer amizades e ser aceito, muitas vezes, é acompanhada de desafios emocionais e de insegurança. Uma vez que os adolescentes ainda estão aprendendo a lidar com essas modificações, juntamente com uma série de sentimentos intensos, o orgulho pode se manifestar em diversas situações. No entanto, é fundamental ensinar aos jovens o significado desses sentimentos, algo que nem todos aprendem na infância e na adolescência, mas, se tiver a oportunidade de conhecer esses sentimentos, a vida adulta será bem mais tranquila. Os sentimentos negativos desempenham um papel crucial na vida pessoal e profissional, influenciam nas interações com os outros e também impactam nosso bem-estar geral. Entender como os sentimentos afetam nossas ações e reações nos permite ter uma visão mais profunda de nós mesmos e dos outros, ajuda a lidar com os desafios diários e a construir relacionamentos saudáveis. Quais são eles?

- **Falta de respeito:** contribui para tornar a vida mais difícil e sofrida. O respeito é a base de qualquer relacionamento saudável. Quando se respeita os outros, o retorno será melhor. No ambiente familiar, o respeito pelas regras e limites traz a harmonia e uma boa saúde mental.
- **Orgulho bom:** valorizar as qualidades, sorrir e vibrar com as conquistas, admitir que pode chegar nos sonhos, orgulhar das boas ações etc.
- **Orgulho negativo:** inflexibilidade e relutância em admitir erros. Isso pode prejudicar os relacionamentos, limitar e paralisar o crescimento pessoal e profissional. Prejudica os relacionamentos amorosos, distancia o casal, filhos e amigos.
- **Egoísmo:** pode minar os relacionamentos e prejudicar a colaboração. Quando a preocupação é apenas com os próprios interesses, normalmente prejudica o relacionamento com os pais, irmãos e familiares. E no ambiente de trabalho prejudica a dinâmica da equipe, e, muitas vezes, deixa o indivíduo isolado.

- **Prepotência:** é o sentimento em se achar superior ao outro, como o abuso de poder por ter um cargo acima, por deter conhecimento cultural ou de estudo acima de alguém da família ou do trabalho. A prepotência pode minar um relacionamento familiar, do casal e equipe e prejudicar o desempenho geral.
- **Arrogância:** cria uma atmosfera tóxica de desrespeito, vem carregada na fala quando humilha o outro, muitas vezes, grita e não mede palavras quando esbarra no orgulho. Esse comportamento afasta as pessoas, casais, filhos, amigos e, no ambiente profissional, prejudica a colaboração e o trabalho em equipe.
- **Ansiedade:** afeta negativamente nossa saúde mental e emocional. Quando estamos constantemente preocupados e sofrendo com o que pode vir no futuro e não conseguimos vivenciar o presente, concentrar-se no momento presente pode ajudar a reduzir a ansiedade e a frustração. Isso nos permite encontrar soluções criativas para os desafios que enfrentamos aqui e agora.
- **Frustração:** no lugar de resistir ou negar as situações frustrantes, é fundamental aceitar a realidade como ela é. Isso não significa desistir ou se ressignificar, mas sim reconhecer que nem sempre as coisas acontecem como esperamos. Cada experiência frustrante pode ser uma oportunidade de aprendizado e crescimento. Ao enfrentarmos e superarmos obstáculos, desenvolvemos habilidades e recursos internos que nos tornam mais fortes e resilientes no futuro. Lidar com a frustração de maneira saudável requer prática e paciência, mas ao desenvolver essas habilidades, podemos transformar as experiências frustrantes em oportunidades de crescimento e fortalecimento pessoal e profissional. Desenvolver resiliência é essencial para lidar com a frustração. Isso envolve a capacidade de se adaptar às circunstâncias adversas, aprender com os desafios e seguir em frente, com determinação.
- **Comportamento controlador:** pode ser prejudicial tanto para quem o pratica quanto para aqueles que estão ao seu redor. Ele pode acontecer em um ambiente familiar, entre amigos e de trabalho e prejudicar os relacionamentos. Além disso, o controle excessivo pode impedir o crescimento e a inovação.

O relacionamento saudável cultiva o respeito e a empatia. Ter humildade pode melhorar significativamente a qualidade de vida e dos relacionamentos, tanto no âmbito pessoal quanto profissional.

Relacionamentos interpessoais: a maneira como interagimos com os outros influencia diretamente o bem-estar. Sermos educados, corteses e respeitosos cria um ambiente de confiança e harmonia, fortalecendo os laços familiares, de amizade e de trabalho.

Ambiente de trabalho: em um ambiente profissional, a cortesia e o respeito são fundamentais para uma colaboração eficaz e um clima de trabalho positivo. Relacionar-se bem com colegas, superiores e clientes contribui para um ambiente produtivo e estimulante.

A relutância em admitir erros no ambiente de trabalho, muitas vezes, está enraizada no orgulho, que por sua vez alimenta a arrogância e impede o crescimento pessoal e profissional.

Quando nos recusamos a reconhecer os erros, essencialmente, estamos negando a oportunidade de aprendizado e crescimento. A honestidade consigo mesmo é o primeiro passo para superarmos os obstáculos. Admitir erros não é sinal de fraqueza, mas sim de coragem e humildade. Demonstrar integridade e responsabilidade fortalece a credibilidade familiar, as amizades e a confiança com colegas de trabalho e superiores.

Quando nos abrimos para o aprendizado, a partir dos erros, permitimos desenvolver em nós novas habilidades, aprimorarmos o desempenho e alcançarmos um nível mais elevado de excelência profissional. Somente quando nos libertarmos da necessidade de sermos perfeitos o tempo todo é que verdadeiramente nos tornaremos melhores seres humanos.

“Acredito que valorizar as conquistas se baseia em um orgulho positivo, e não comparar com os outros, mas sim se concentrar em sua própria caminhada.”

Wania Augusta

Referências

Ana dos Anjos

ACHOR, Shawn. **O jeito Harvard de ser feliz**: o curso mais concorrido de uma das melhores universidades do mundo. Trad. Cristina Yamagami. São Paulo: Saraiva, 2017.

BARBOSA, Paulo Sérgio Cruz. Introdução ao estudo da felicidade segundo Aristóteles. **Saberes**, Natal, v. 19, n. 2, p. 60-68, ago. 2018. Disponível em: https://periodicos.ufrn.br/saberes/article/view/13809/10681. Acesso em: 25 maio 2024.

CABRAL, Pedro. **O paradoxo do cérebro**: memória, autismo, identidade. [*S.l.*]:

Temas e Debates, 2021.

CLASON, George S. **O homem mais rico da Babilôni**a. Solon: Findaway World, 2022.

LICKONA, Thomas. **Como criar crianças gentis** (e alcançar bondade, gratidão e uma família mais feliz). Lisboa: Arena, 2019.

RODOVALHO, Lúcia. **Viva feliz**. Brasília: SBE Edições e Produções, 2020.

SHAKARIAN, Demos. **O povo mais feliz da Terra**. Trad. Dulce Estudante, Sara Duarte e Davi Pessoa. [*S.l.*]: Adhonep, 1998.

Cláudia Silva

BOYNE, John. **O rapaz do pijama às riscas**. Lisboa: ASA Editores, 2008.

Nilva de Souza Dias Ferreira

BOURBEAU, Lise. *As cinco feridas emocionais que impedem a felicidade*. Lisboa: Pergaminho, 2023.

CALICCHIO, Stefano. *Abraham Maslow, da hierarquia das necessidades à realização pessoal*. [*S.l.*]: Stefano Calicchio, dez. 2023. (Epub).

MARSTON, William Moulton. *As emoções das pessoas normais*. [*S.l.*]: Success for you, jan. 2024. (Introdução da edição brasileira: Alexandre Ribas).

VIEIRA, Paulo; BRAGA, Sara; TÁVORA, Viviane. *Decifre e fortaleça seu filho*. São Paulo: Gente, 2021.

ANOTAÇÕES

ANOTAÇÕES

ANOTAÇÕES

ANOTAÇÕES

ANOTAÇÕES

ANOTAÇÕES